奥妙科普系列丛书

DISCOVERY

让青少年着迷的科普书
彩图珍藏版

奥秘探索大百科

李梁中 编著

吉林出版集团股份有限公司 · 全国百佳图书出版单位

图书在版编目 (CIP) 数据

奥秘探索大百科 / 李梁中编著 . -- 长春：吉林出版集团股份有限公司，2013.12（2021.12 重印）
（奥妙科普系列丛书）
ISBN 978-7-5534-3918-1

Ⅰ.①奥… Ⅱ.①李… Ⅲ.①科学知识—青年读物②科学知识—少年读物 Ⅳ.① Z228.2

中国版本图书馆 CIP 数据核字 (2013) 第 317284 号

AOMI TANSUO DA BAIKE

奥秘探索大百科

编　　著：	李梁中
责任编辑：	孙　婷
封面设计：	晴晨工作室
版式设计：	晴晨工作室
出　　版：	吉林出版集团股份有限公司
发　　行：	吉林出版集团青少年书刊发行有限公司
地　　址：	长春市福祉大路 5788 号
邮政编码：	130021
电　　话：	0431-81629800
印　　刷：	永清县晔盛亚胶印有限公司
版　　次：	2014 年 3 月第 1 版
印　　次：	2021 年 12 月第 5 次印刷
开　　本：	710mm×1000mm　1/16
印　　张：	12
字　　数：	176 千字
书　　号：	ISBN 978-7-5534-3918-1
定　　价：	45.00 元

版权所有　翻印必究

前言

Foreword

在浩瀚宇宙面前，人类太渺小了，小得就像一粒微不足道的沙子。人类的求知欲却包含了整个宇宙，人类从诞生那天起，就对宇宙万物、自然奇观充满了好奇和求知的渴望，但时至今日，地球上最聪明的科学家也无法解释很多事物的奥秘。

我们一起探索这个充满奥秘的宇宙，探索这个等待人们保护的地球；一起探索地球上最神秘的事物，探秘地球上最神秘的地方。有你身不能至的海底世界，让你了解海底世界的神奇；有传说中的建筑和消失的文明，让你感叹人类伟大的智慧；有人迹罕见的不毛之地，带你认识从没有见过的怪兽。除此之外，本书还以独特视野讲解了宇宙的产生，探索宇宙的奥秘，以及"天外来客"在地球上的足迹。让读者在快乐中学习知识，在阅读中培养探索精神。

目录

第一章 令人难忘的地方

002 / 和太阳系关系密切的黄泉大道

005 / 阿尔卡伊姆古城的过去

007 / 奇石大观园玛瑙湖

009 / 丝绸之路上的珍珠——楼兰国

013 / 解不开的谜团——三星堆

016 / 世界奇迹——兵马俑

020 / 太阳圣女之城——马丘比丘

023 / 天堂之城——香格里拉

025 / 黄金国的由来

029 / 谁绘制了纳斯卡巨画

033 / 法老长眠之地

037 / 女儿国真的存在吗

第二章 海洋深处的奥秘

040 / 海洋，你从哪里来

043 / 海与洋的不同

045 / 无底深渊——大海

047 / 海水可以饮用吗

050 / 深入海底最深处

052 / 海洋的七彩之色

055 / 海底会"成长"吗

057 / 海底也有大"烟囱"

059 / 海底的"背"与"脊梁"

063 / 海底的火龙

065 / 谁让地球变暖

066 / 海面上的制冷空调——拉尼娜

068 / 魔鬼三角洲

第三章　人迹罕至的极地

074 / 南极点的探索之旅

077 / 史前南极的探索

080 / 南极臭氧洞

084 / 二十四小时的白天黑夜

086 / 比北极还冷的南极

089 / 南极北极的异同

092 / 南极宝藏

095 / 不会降雨的南极

097 / 南极大陆的水

目录

101 / 海冰狂灾

103 / 南极大陆上的暖水湖

第四章 令人恐惧的怪兽

106 / 神农架的传闻

109 / 奇异的天蛾人

113 / 蜥蜴一样的人形生物

116 / 新泽西州的魔怪

119 / 魔龙的出没

121 / 在多佛尔的大头怪

123 / 雷兽的威名

125 / 美洲大脚怪

130 / 湖怪惊魂

132 / 泰莱湖之中的怪兽

135 / 湖怪之谜

第五章 神秘浩瀚的宇宙

138 / 宇宙的形成

142 / 宇宙有多少岁了

144 / 宇宙的尽头在哪里

146 / 宇宙会膨胀到什么时候

148 / 旋转中的宇宙

150 / 木星变成恒星

152 / 六角云团的秘密

154 / 天王星，你是否存在生命

156 / 晚上，为什么是黑色的

158 / 宇宙只有一个吗

161 / 五个星星小矮人

第六章　天外来客的足迹

164 / 外星人，地球向你发出信号

166 / 外星人长什么样子

169 / 火星上有人居住吗

171 / 外星人，我们来找你了

174 / 外星人，你会来地球吗

176 / 外星人，假如你真的存在

178 / 地球上有外星人隐居吗

181 / 千米隧道之谜

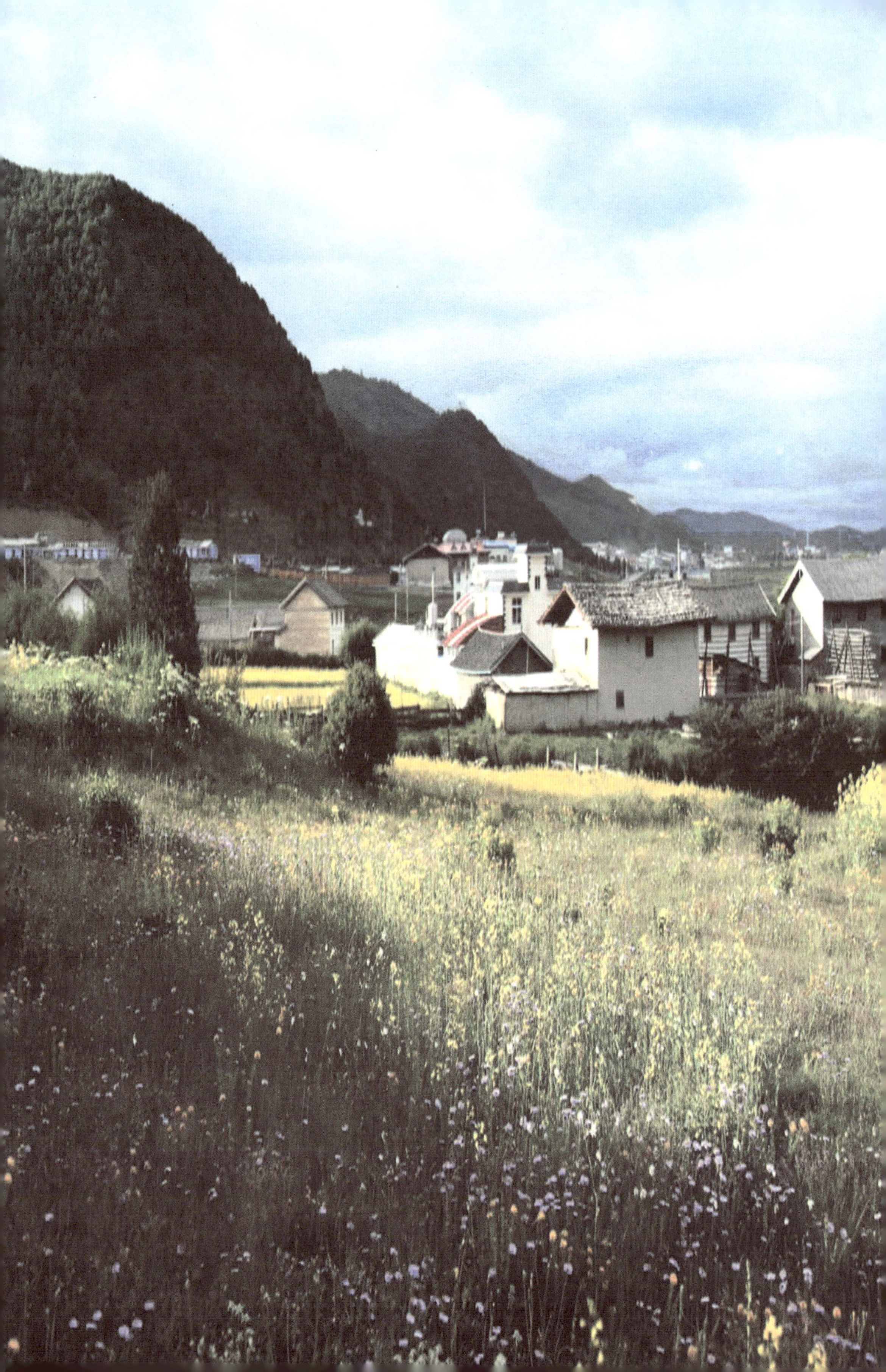

第一章
令人难忘的地方

据不完全统计,全世界至少有两千多个民族,这还不包括已经消失的民族,大家共同生活在地球上。人类是地球上最聪明的智慧生命,创造了璀璨的文明,并善于利用自然资源结合智慧创造奇迹。世界上有太多神秘和神奇的地方让人着迷,有些地方我们至今也不知道它是谁建造的,又为何只剩下空空的一座城,有些地方只存在于传说中,至今还未被找到!

奥秘探索大百科

Part1 第一章

和太阳系关系密切的黄泉大道

在墨西哥城东北处大约40千米的地方有一处神奇的遗址，它是一条纵贯南北的宽阔大道，人们给它取名为"黄泉大道"。

"**黄**泉大道"在中美洲著名的古城特奥蒂瓦坎，最早来到这里的是阿兹台克人。在公元10世纪，他们沿着这条大道来到了这座古城，但奇怪的是他们发现全城竟然没有一个人，只有大道两旁林立的古建筑物，他们认为大道两旁的建筑都是众神的坟墓，所以就以"黄泉"给这条宽

❖ 黄泉大道遗址

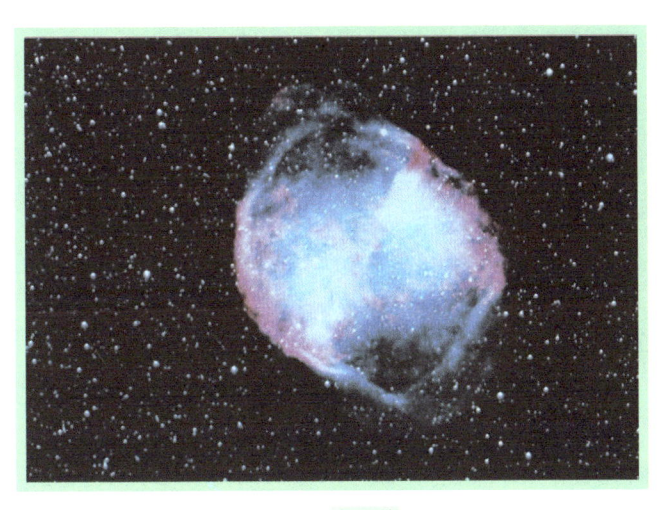

阔大道命名。

1974年，一位名叫休·哈列斯顿的人在特奥蒂瓦坎古城对所有街道和建筑进行了测量，并在墨西哥召开的国际美洲大会上宣布他的这一发现。他所使用的测量单位长度为1.059米，用这个测量单位分别测量特奥蒂瓦坎的羽蛇庙、月亮金字塔和太阳金字塔，它们的高度依次为21、42、63个"单位"，其比例为1∶2∶3。

哈列斯顿在测量"黄泉大道"两边的神庙和金字塔遗址时还发现了一个让人惊讶的现象，那就是"黄泉大道"上那些遗址的距离恰好表示着太阳系行星的轨道数据。

在"城堡"周围的神庙废墟里，地球和太阳的距离为96个"单位"，金星为72个"单位"，水星为36个"单位"，火星为144个"单位"，"城堡"后面有一条运河，它离"城堡"的中轴线为288个"单位"，刚好是木星和火星之间小行星带的距离；离中轴线520个"单位"处是一座无名神庙的废墟，这相当于木星到太阳的距离；再过945个"单位"，又是一座神庙遗址，这是太阳到土星的距离。再走1845个"单位"，就到了月亮金字塔的中心，这

❀ 太阳系

❀ 太阳神金字塔

奥秘探索大百科

黄泉大道遗址

刚好是天王星的轨道数据。假如再把"黄泉大道"的直线延长，就到了塞罗戈多山上的两处遗址。

这样看来"黄泉大道"很明显是根据太阳系模型建造的，特奥蒂瓦坎的设计者们肯定早已了解整个太阳系的行星的运行情况。这种情况让研究者们非常困惑和惊奇，当时的特奥蒂瓦坎人是如何了解太阳和各个行星之间的轨道数据的呢？值得一提的是，人类在1781年才发现天王星，1845年才发现海王星，1930年才发现冥王星的。在混沌初开的史前时代，特奥蒂瓦坎是不是受到指点才建造了这一切？希望有一天，科学家们能够解开所有的疑惑，解开人们心中的谜团。

太阳系八大行星

Part1 第一章

阿尔卡伊姆**古城**的过去

> 阿尔卡伊姆古城，是南乌拉尔地区车里雅宾斯克的古城遗址。但凡进入这座古城的人都会发现手表失灵、心脏跳动频率突变等一些神奇的变化。这是一座什么样的古城呢？让我们走进去一探究竟。

南乌拉尔地区车里雅宾斯克的一个地方发现了一座古城遗址，它就是著名的阿尔卡伊姆古城，UFO 研究专家认为，很久以前这里或许是外星飞行器起降的航天中心。在这个神秘的地方，手表会停止运动或者显示错误的时间，人体生理特征表现的也极不正常，如心脏跳动频率、血压和体温莫名其妙地升高或降低，地球的电磁场的状态在该区域极不正常，俄罗斯考古学家认为阿尔卡伊姆古城是地球上最神秘的地方之一。

俄罗斯已经成立了一个由科学家和大学生组成的探索考察队，对这一地区进行科学考察。领队切尔诺布罗夫在考察后意味深长地说，4000 多年前的阿尔卡伊姆文明令人震惊，即使当今的科学技术也无法企及。

20 世纪 80 年代，苏联政府打算在南乌拉尔地区的阿尔卡伊姆盆地修建一个水库，建筑工人在施工时发现了密集并且巨大

阿尔卡伊姆遗址

第一章 令人难忘的地方

奥秘探索大百科

的神奇圆形建筑群。随后考古工作者来到这里进行研究，一年之后，所有的专家一致认为，阿尔卡伊姆文明至少和古埃及、巴比伦文明属同一时期，并且比后者更为先进，城市的规模远远大于同期文明的城市。值得一提的是，阿尔卡伊姆人有着非常丰富的天文知识，他们所建造的天文台能够精确测算星体的位置和运行轨迹，这简直令人难以置信。

除此之外，阿尔卡伊姆的城市结构非常合理。从高处观看城市，城市中心为正方形广场，然后一层一层的圆形建筑环绕四周，就像大树的年轮一样，非常壮观；城市里的排水系统非常发达，能够经受暴雨的袭击。考古工作者还发现，城市排水系统所用的建筑材料以木材为主，但该木材经过了特殊处理，水、火都不能将其腐蚀，经久耐用，从木材的现状看，该排水系统非常实用，经受过多次考验，使城市免受洪水的侵袭。

阿尔卡伊姆遗址

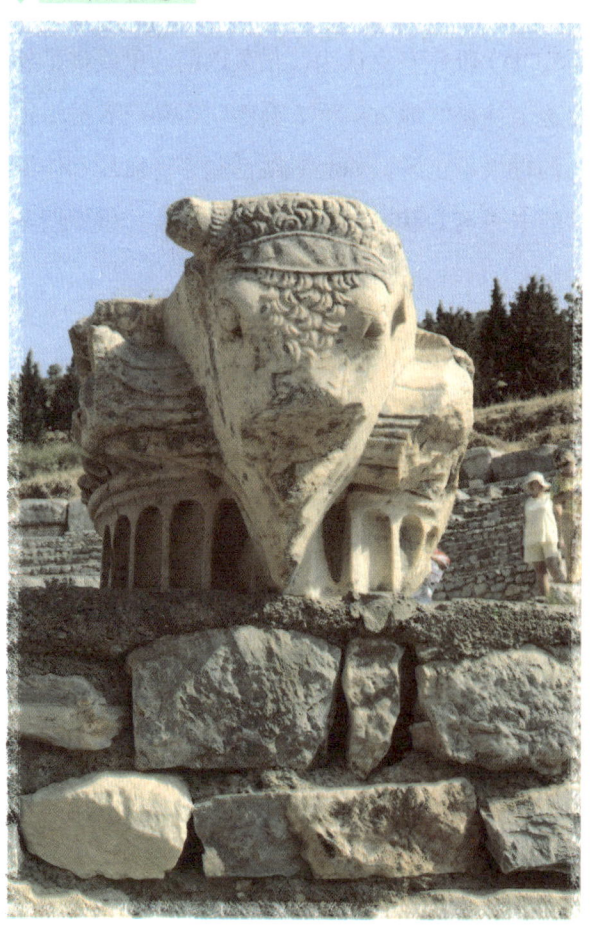

研究者还发现，城市中家家户户的设计大致相同，每个家庭都配备了水井、储藏、通风、炉灶等设施，特别是通风和储藏室的设计，阿尔卡伊姆人将井水中的冷水引至储藏室，就像冰箱一样，使储藏室的物品能长期保鲜。但考古学家始终不明白，4000多年以前的阿尔卡伊姆人是如何掌握如此先进的建筑知识和天文知识的，真是谜一样的人谜一样的古城呀！

Part1 第一章

奇石大观园玛瑙湖

玛瑙在我们的日常生活中并不罕见，它色彩丰富，常被做成手工艺品，但如果说几十平方千米甚至更广阔的范围内都是玛瑙，你能相信吗？

在内蒙古巴音戈壁滩的沙漠中，有一个面积6平方千米的奇特的玛瑙湖，其实这里早已经不是湖了，它是一片干涸的湖床，玛瑙石在这片干枯的湖床上到处都是，五颜六色十分好看，使这片干涸的湖床成为了玛瑙之湖。

关于玛瑙湖有一个美丽的传说：在很久很久以前，戈壁滩上有一个清澈见底的湖，这里风景怡人，天与水融为一体。有一天，天上的仙女们途经此地，她们被这美丽的景色吸引，纷纷跳入湖中戏水，欢乐的时间往往过得非

❖ 内蒙古玛瑙湖

第一章 令人难忘的地方

常快，仙女们还没有玩够，就听见上天发出了阵阵怒吼，仙女们才想到还要回到天上复命，慌忙之中，她们将身上的珍宝丢在这湖水中，从此这个湖中便有了无数的奇石珍宝。

实际上玛瑙湖形成于一亿多年前的火山爆发，玛瑙石也是那个时期形成的，玛瑙湖现在虽然已经干枯，但在它还不被外界所干扰时，可以称为是一个"仙境"。草原的阳光照射在曾经的湖底，光彩夺目的玛瑙石更是反射出耀眼的光芒，光线四射，甚至在几十千米之外都能看到。周围的牧民有时来到此处，捡一些石头回家，把它当成装饰品使用。

但这些牧民不知道这些石头的价值，消息传出后，一批商人慕名来到此地，他们发现，这遍地的石头价值不菲。于是，商人们以极低的价格收购玛瑙石，再用卡车往外部运送玛瑙石，没过多久，大自然创造的玛瑙湖几乎被"抢劫"一空，当地政府得知后积极采取措施，严禁人为挖掘和运输玛瑙石，但为时已晚，专家称如果想恢复到原来的样子，也许需要上亿年的时间，因为这些玛瑙石已经有一亿多年的历史了，真是令人痛心。

在玛瑙湖发现的奇石之中，最为昂贵、奇特的要属"玛瑙雏鸡"，它的奇特之处在于，玛瑙石中有一只化石小鸡，眼、嘴看得非常清楚，好像就要破壳而出，它是大自然鬼斧神工的杰作，这块奇石经专家鉴定，身价在一亿三千万元左右。

玛瑙雏鸡

Part1 第一章

丝绸之路上的**珍珠**——楼兰国

第一章 令人难忘的地方

> 楼兰国曾经繁华一时，中原文化和西方文化在此处融合，被誉为"丝绸之路"上的"珍珠"，但在公元4世纪，楼兰国突然消失，没有任何文字记载。是气候原因，还是战争或者瘟疫，都成为谜团。

楼兰城是个政治、经济、文化中心为一体的王国，以交通便利的优势，闪耀在"丝绸之路"的腹部。楼兰城环境优美，是欧洲和亚洲之间重要的交通枢纽。早在西汉时期，楼兰已是远近闻名的发达绿洲，唐代诗人李白曾以《塞下曲》来揭露楼兰国王的残暴及贪婪和昏庸。曾经盛名的楼兰国为什么会在公元4世纪后又退出了历史舞台呢？楼兰国被遗弃的真正原因是

❀ 楼兰古城遗址

楼兰古道

什么？

在 1980 年的一次考古中，考古学家发现了一具保存完好的女尸，这一发现震惊了全世界，经专家鉴定这具女尸距今已有 3000 多年的历史了。但令人感到奇怪的是她的衣物竟然完好无损，面目依然清秀可爱，在经过数千年后看起来还依然栩栩如生，被誉为"楼兰美女"。当时还发掘出做工精细的木雕饰品、钱币、文书、陶片等文物。放眼望去，如今的楼兰已成为一片废墟，让人不禁有些凄凉的感觉，古城四周的城墙已经多处倒塌了，只剩下不甘命运摧残仍然坚守岗位的少许墙垣。

楼兰的城区是一个正方形，面积在 10 万平方米左右，城内破败不堪，毫无生机可言。但是当你仰望楼兰古城时，依然可以看到一座亭亭玉立的烽燧仍然顽强不屈地坚守着它的岗位，虽然经过不同时期的修补，它身上依然保留着汉代建筑时期的风格。

楼兰城内还有"三间房"遗

楼兰古树

址，坐落在烽燧的南侧，面积约 100 平方米，安详地坐在一块高台上，正中间的那间相对来说比较宽大。20 世纪初，曾有人对西厢房残存的框架进行考察，判断这里曾是城中粮仓，再往西是一个大杂院。院内两边各有 3 间排列整齐的房屋。在楼兰的古城中，建这样的房屋也是很有讲究的，然而坐落在大宅院南边的房屋相对来说就比较简陋，看到它单薄的体态让人不禁泛起怜悯之心。根据出土文书的记载，这"三间房"是城中最高的建筑，专家推测应该是楼兰古城的高官庭院遗址。

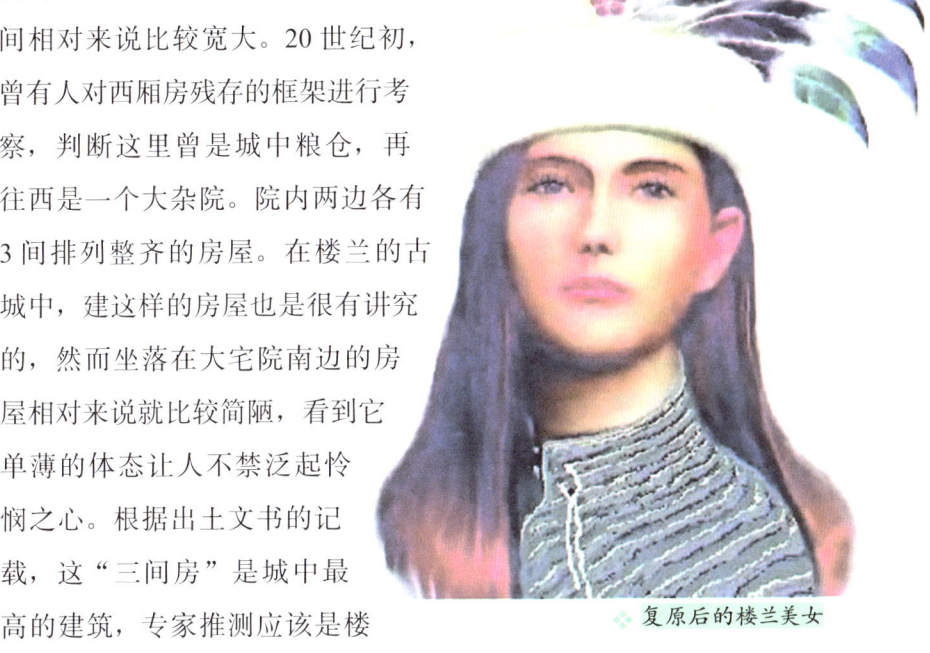

❀ 复原后的楼兰美女

从楼兰古城出土的文书内容可以看出当时的楼兰国在政治、经济、文化等方面的真实写照。文书的内容也介绍得十分丰富，主要有行政机构和驻军的书信来往、城内所设的仓库、宾馆和医院，还有制造业和手工业的一些商业活动。从中可以看出楼兰城与周边国家相比，拥有较强的军事力量。

历史记载楼兰古城建立于公元前 176 年，距离我国最大的钾盐生产基地——罗布泊非常近，这里曾经有河流、森林，水资源非常丰富，然而，曾经那个环境优美、繁华盛茂的楼兰古城，却在公元 4 世纪之后，突然无声无息地消失了，留下的只是一片干枯的沙漠和断断续续的墙垣，它们像战士一样孤零零地伫立着。

知识小链接

楼兰国早在 2 世纪以前就是西域远近闻名的"城廓之国"，全国面积约为 10 万平方米，它以交通便利和雄厚的实力居西域各国之首。据历史记载，楼兰国夹在汉朝和匈奴两个强者之间，委曲求全，汉朝曾两次武力进攻楼兰国，并带走楼兰国王子为人质，但东晋后楼兰国却退出了历史舞台，再也没有相关的记载。

第一章 令人难忘的地方

奥秘探索大百科

曾经那个繁华昌盛的楼兰国已经被现在一望无际的沙漠所代替了，只有当你看到"丝绸之路"上所留下的白骨，才能想起这里曾是商客们的中转站，曾经举世闻名的楼兰经济古镇就这样消失了。是谁改变了楼兰国的命运呢？

楼兰古城消失的原因仍是个扑朔迷离的谜团。有些人提出是自然原因造成的，认为楼兰古城的自然环境发生了变化，导致水源匮乏，农业和生活受到严重影响，楼兰人不得不背井离乡，重新寻找新的家园。也有人认为，当时西域三十六国之间经常发生战争，楼兰国很可能被其他国家灭亡。还有人认为是突然爆发的瘟疫使楼兰古城变成废墟，不过这些观点虽然都有理，但仍未找到证据。希望有一天楼兰古城成为废墟的原因能够被找到。

楼兰古城遗址

Part1 第一章

解不开的**谜团**——三星堆

> 三星堆遗址最早发现于1929年,这是20世纪最伟大的考古发现之一,它的出现,使中华民族文明史上又多出一颗闪耀的宝石。

三星堆遗址属全国重点文物保护单位,位于四川广汉南兴镇,因有三座突兀在成都平原上的黄土堆而得名。古时的巴蜀文化一直是长江流域的文明代表,直到三星堆遗址的发现代替了它们。

公元2000年前盛大的夏朝还没有被记载于历史中,商朝是第一个被记载历史的王朝,距今已经有3600年了。而三星堆处在四川省一个微不足到的小

三星堆博物馆

第一章 令人难忘的地方

城市里，它的出现把我国的历史向前推了4800年，所以说"中国能有5000年的历史，并不是因为传说中的炎黄二帝，是因为有三星堆的出现"，是它推动了历史的年轮，它已成为世界文化遗产的一颗闪亮的明珠。

三星堆青铜面具

三星堆属于青铜时代的文化遗址。三星堆其实就是有三个起伏相连的黄土堆，后人取名"三星伴月"，因此而得名。经考古学家认证三星堆的年代大概为公元前2800年至公元前800年，它主要可分为四期：一期为宝墩文化，二、三期为三星堆文化，四期为十二桥文化，有人曾说它相当于中原的夏、商、周时期。也有人认为三星堆的整体文明是由蜀人带过来的。目前三星堆正在申请为世界遗产。

三星堆文化起源何方呢？这里出土的上千种青铜人像和动物像没有一件

三星堆文化

知识小链接

在1980年以后的多次发掘中，三星堆遗址考古获得了更加丰富的资料，其中最具震撼力的发现是1986年相继发现的两个"祭祀坑"，20世纪80年代末至90年代初发掘并确认的三星堆古城址的东、西、南三面城墙。大批考古新发现，极大地丰富了三星堆文化的内涵，同时也引起了"三星堆文化"概念的发展演变。

是和中原的青铜器一类的，并且这些青铜器上面没有一个文字的存在，这对于我们将是一个永远的谜。

三星堆祭祀坑的大量出土物中，最引人注目的是两棵大铜树和一个大型铜人立像。这不仅是因为它们形体高大，形象奇特，而且可以引起人们很多遐想。有学者认为这都是当时土地崇拜的体现物。三星堆祭祀坑中又出了多种形态的铜质人头像，表现出当时蜀人信仰着多种神祇，但上述大型铜树和大型铜人立像无疑最为突出，由此可知在蜀人的多种信仰中，土地崇拜占有最重要的地位。

❖ 三星堆回音坛

奥秘探索大百科

Part1 第一章

世界奇迹——兵马俑

秦始皇兵马俑就像一座庞大的地下军事博物馆，它是中华民族的骄傲，是世界上最伟大的考古发现之一，它的出现使我们重新认识秦统一中国时的那段历史。

兵马俑是秦始皇墓葬雕刻的殉葬品，兵马俑的形状主要有：战车、战马、士兵等。令人称奇的是，每个兵俑的容貌都是不一样的，他们各司其责，射手、骑后、步兵等以战争的方队排列，好像随时都要发起进攻，以保护秦始皇。

◆秦始皇兵马俑

第一章 令人难忘的地方

秦始皇陵位于西安市临潼区东面的骊山边上。在我国的《史记》里曾记载：秦始皇在13岁登基后就开始建造陵园了，主持规划设计的是当时的丞相李斯，当时的大将军章邯是监工，秦始皇陵的建造一直到他驾崩才结束。

1974年，陵墓东的一个村民在打井时发现了秦始皇陵兵马俑坑，经考古专家的研究和发掘，终于揭开了埋在地下两千多年的宝藏。兵马俑的问世震惊了所有人，经国家研究决定在俑坑处建立博物馆。1987年秦始皇兵马俑被列为世界文化遗产，之后秦始皇兵马俑博物馆正式展现在了人们的面前。

位于陵园东侧的秦始皇陵兵马俑坑是为秦始皇陵陪葬所建的。其形状从西到东，呈品字形排列，总面积占将近20,000平方米。其俑坑分为：一号俑坑、二号俑坑和三号俑坑。最早发现的是一号俑坑也是最大的一个俑坑，四面都有暗道，设计十分讲究，一号坑的左右各有一个兵马俑坑，称之二号和三号坑。秦始皇兵马俑一号坑里有八千多个兵马俑，英勇洒脱地站在那坚守着自己的岗位。秦始皇兵马俑坑的布局很是奇妙，可以说是恰到好处，在俑坑内深5米处的坑底，每隔3米处会有一道墙架起，兵马俑就排在墙和墙的过洞

武士俑

中级军士俑

017

奥秘探索大百科

❖ 秦始皇兵马俑战车

之中。

　　2009年，考古学家对秦始皇兵马俑一号坑进行了再次的挖掘，在一号坑的北段惊奇地发现了彩兵马俑，令人遗憾的是刚出土不久就氧化了。秦始皇兵马俑坑是世界上最大的地下军事博物馆，可以想象第一个统一中国的皇帝秦始皇是何等的风光和不可一世。

　　对于俑坑的来历也曾有另一种说法，认为秦始皇兵马俑是为当时的宣太后而修建的陪葬坑，俑坑中最多的是武士俑，平均身高都在1.80米左右，陶马高1.72米左右，使用的战车和实用车的大小一模一样。多数秦俑都手握青铜兵器。因这些青铜兵器都经过防锈处理，所以埋在地下两千多年后仍然锋利如新，据记载这些都是当时实战时用的武器。武士俑身穿铠甲，胸前配有

❖ 秦始皇兵马俑

结穗，而当时的军吏都是头戴长冠，数量相对来说比武将要多。

从秦俑的轮廓来看其年龄都各不相同。秦始皇统一六国之后就实行了全国征兵制，士兵来自全国各地，这也许是他们轮廓不同的原因之一。工匠用写实的手法把马俑表现得惟妙惟肖，从整体来看每个马俑都十分活跃、富有生气。放眼望去这千百个马俑，从雕塑的艺术来看已达到了完美的境界，无论是千百个官兵的形象还是那栩栩如生的战马，都体现得活灵活现，每一个马俑都充满了个性特征，而且都富有生命气息。

> **知识小链接**
> 秦始皇是第一个统一中国的皇帝，13岁时就登上了王位，他是我国卓越的政治家、战略家和改革家，他修建的万里长城像一条长龙一样守护着我们的家园。他在世界历史上也留下了深远的影响。

❖ 秦始皇兵马俑

Part1 第一章

太阳圣女之城——马丘比丘

> 壮观之城马丘比丘城坐落在陡峭的山脉之上，站在城中的最高处，能够看到整个山峰的景色，然而它却无声无息地神秘消失了，是什么原因导致印加人将马丘比丘城遗弃了呢？

印加人被称为"太阳的子孙"，他们视太阳为祖先，国王是太阳之子。以前的古印加有一个传说：当时他们的第一个君主曾带着10个印加族迁址到库斯科河谷，并将库斯科定为首都。随后那里的印第安人慢慢地向周边扩张自己的势力，到公元16世纪时，印加帝国成为南美洲的霸主，总人口达到600万人，在当时的美洲脱颖而出。

印加帝国的农业十分发达，因为该地区水资源丰富，阳光充足，再加上印加人先进的农业灌溉技术，使农业种植发展迅速。而且印加人掌握了先进的栽培技术，他们的玉米种植和纺织工艺令人称

❖ 马丘比丘遗址

奇，这是印加能够称霸南美洲大陆的重要原因之一。

最早发现印加古城的是美国探险家海瑞姆·宾，在1911年的一天，海瑞姆来到了乌鲁班巴河峡谷，看到了被印加人抛弃的马丘比丘古城，海瑞姆被眼前的一幕震惊了，他感慨建筑物的雄伟壮观，激动地说："这是一座真正的空中之城。"

马丘比丘古城在印加帝国被称为"太阳圣女之城"，关于它的传说非常多。

传说这里是印加帝国创始人卡帕克的出生地，它位于印加的库斯科北面，因坐落在一个山峰上所以取名"老山峰"。它三面都靠河，另一面靠着威风凛凛的萨而坎太山，地势十分险要。也正是因为这个原因，它才没遭到西班牙和天主教的侵扰和破坏，躲过种种浩劫。

❀ 马丘比丘遗址石像

马丘比丘古城依山而建，又与狭窄、陡峭的地形融为一体。城中的建筑都是用石头垒建起来的，有的在坡上，有的在山顶上，高低不同，十分具有层次感，远处望去真是美轮美奂。

❀ 马丘比丘遗址石像

站在马丘比丘城脚下，会看到山峰连绵不绝，蔚蓝的天空和绿荫浑然一体，站在马丘比丘城的最高处向下看，令人毛骨悚然，万丈峡谷深不可测，曲曲折折的河流穿行在茂密的树林，给这座古城平添了一层神秘感。

聪明的马丘比丘人在城堡之间对面的山峰上建了一层层楼梯似的梯田，每一层都有井，利用雪水来浇灌农田。

第一章 令人难忘的地方

021

奥秘探索大百科

> **知识小链接**
> 据记载,马丘比丘古城的整个建筑是由140个建筑构成的,这些建筑都有着印加的传统风格,拼接技巧也展现得惟妙惟肖,无法想象印加人是如何把石头一块一块地拼接起来的!

不知道是什么原因,几乎是一夜之间马丘比丘城就变成了一座空城,它为什么会被遗弃?有人认为是当时西班牙征服者的原因,但根据历史记载,当年的侵略者并没有来过这里,西班牙人是1553年入侵这里的,根据考古人员判断,在此之前这座空中之城就已经被遗弃了。

究竟马丘比丘被遗弃的真正原因是什么呢?天灾还是人祸?然而这种种猜测终究是个解不开的谜。考古专家在安第斯山脉挖掘时,发现了许多印加帝国的遗迹,说明当时的印加人抛弃了他们的家园马丘比丘古城而另建了王国。

印加人为何会在这么高的地方建一座空中之城?然后又无情地遗弃了呢?以当时的生产发展水平来看,印加人是用什么样的工具来切割这些建筑用的石头的呢?又是用什么样的方法来运输这些石头的呢?要想解开这种种的疑问得靠我们不断去探索、去研究。

❀ 马丘比丘遗址

Part1 第一章

天堂之城——香格里拉

第一章 令人难忘的地方

> 世界上最美丽的词也无法表达香格里拉的美丽，它本不被世人所知，是真正的世外桃源，直到英国作家詹姆斯所写的《消失的地平线》一书畅销全世界，香格里拉才成为世人所向往的人间仙境。

在《消失的地平线》一书里讲述了这样一个故事：英国的外交官和他的三个朋友一起坐上了一架被犯罪分子劫持了的飞往"世界屋脊"的飞机。在飞行中，由于飞机的汽油已经用完了，只能被迫降落，然而所降落的地方也让他们感到绝望，眼前是一个冰天雪地让人毛骨悚然的冰雪世界。在这绝望的时刻他们却碰到了上山挖药材的藏族人，真可谓是不幸中的万幸。这些好心的藏族人把他们领到了自己的家中，使他们都脱离了危难。第二天，当他们醒来时都惊呆了，这里美得出神入化，简直是个世外桃源。在藏民的帮助下他们都安全地回到了自己的国家，当他们再想回去看看那个美丽的世外桃源时，却找不到具体的位置了，只记得那里的藏民经常说的一句话："香格里拉。"

❀ 香格里拉转轮经

奥秘探索大百科

香格里拉蓝月山谷

不久之后"香格里拉"这个名字就代表了世外桃源闻名于世。如此美丽的地方谁不向往？但当时没人知道这座世外桃源到底在哪里，有人曾说它在云南，有人说在西藏，还有人说它在印度……在2001年云南的迪庆突然向全世界宣布："香格里拉就在我们迪庆。"

香格里拉县是云南省面积最大、人口密度最低的县份之一，由于这一大一小，处子般的沟箐和山峰比比皆是，在这些人迹罕至的地方珍藏着许多大自然的秘密。

香格里拉的理念就是各民族和睦相处，不被种族、信仰、习俗所隔阂；人与自然和谐相处，对自然索取节制，以一种适度作为行为准则建立起来的文化秩序。它的重要意义在于体现了人类高度理性的人文文化的永恒主题：和谐、自然、发展。

香格里拉县的矿产资源也十分丰富，现已发现的矿藏有金、银、铜、锰、钨、铝。

知识小链接

香格里拉是云南省面积最大的县，然而人口却是最少的，据说在这里藏着许多大自然界的秘密。它以优美的环境和丰富的矿产资源而得到人们的青睐，成为世界上远近闻名的旅游胜地。

香格里拉大峡谷

024

Part1 第一章

黄金国的由来

第一章 令人难忘的地方

《加勒比海盗》里堆满黄金的小岛，是贪婪、勇敢和疯狂的人梦想的天堂，那么现实的世界中也有这样的小岛吗？传说在秘鲁有一个用黄金建造的古城，它真的存在吗？

公元15世纪30年代，西班牙称霸世界，此时的南美大陆仍是封闭的，这里的国家几乎没有和外界联系过，所以显得非常神秘。印加是当时南美实力最强的国家，皇帝阿塔雅尔帕是一个昏庸贪婪的家伙，每天只知道玩乐，

❀ 黄金国航海地图

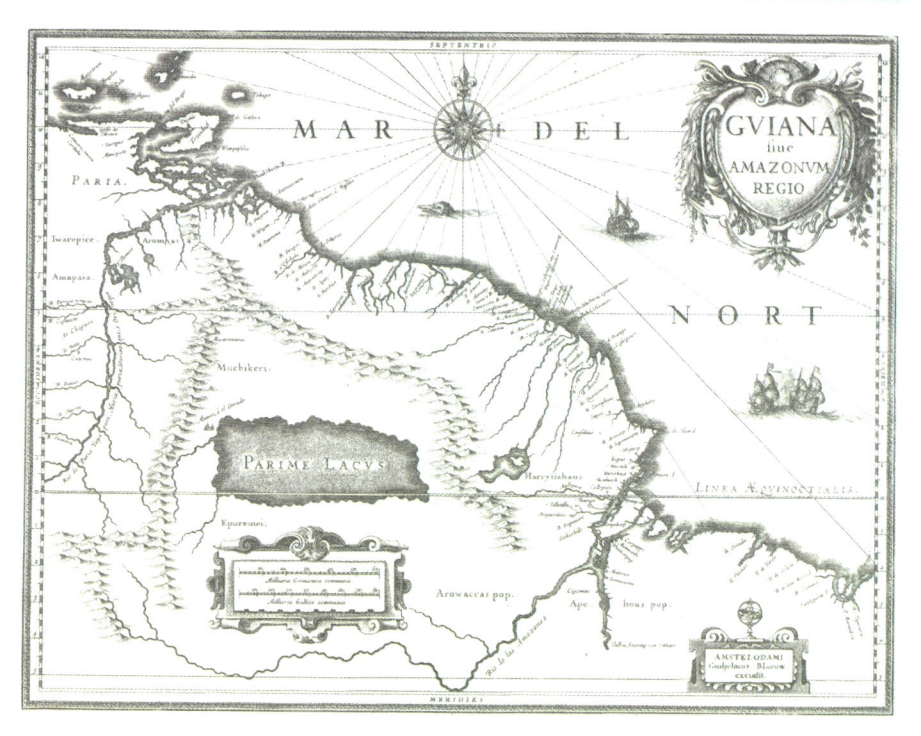

025

奥秘探索大百科

不理国事,直到有一天,一个叫弗朗西斯的西班牙人带领了180人的军队来到这里。

原来的宁静被打破,剩下的是恐惧和杀戮,弗朗西斯虽然带的人少,可是他们的武器非常先进,利用火器可以易如反掌地对付矛和弓箭,弗朗西斯几乎没费什么力气就轻易地将印加帝国的皇帝抓了起来。

阿塔雅尔帕非常怕死,弗朗西斯向他索要巨额黄金,才肯饶他不死,毫无疑问,阿塔雅尔帕答应了他的要求,但弗朗西斯还是杀死了他。西班牙人带着巨额黄金回家了,他们变成了英雄,也让南美众多国家开始陷入更大的灾难。

弗朗西斯的成功让整个西班牙震惊,越来越多的人相信,南美洲到处都是黄金,那些贪婪的人们,不顾万里远洋,不顾危险重重,乘船来到南美洲,开始了血腥的掠夺。

1535年,一位西班牙冒险家听说穿过茂密的丛林有一个部落王国,被称为"黄金国"。那里非常富有,房屋是用黄金建造,连道路都是用黄金和翡翠铺成。如此大的诱惑,冒险家们怎能错失良机,贡萨洛·希门内斯·德·奎萨达是一名西班牙冒险家,他相信这个传说是真的,于是组织了一支900人的探险队,千里迢迢向南美洲进军。

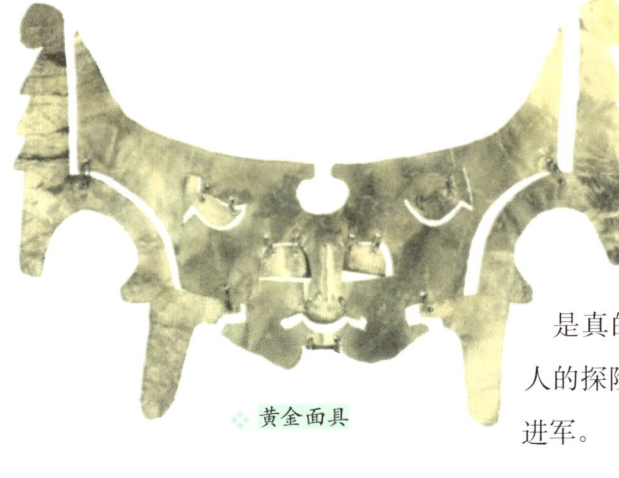

❀ 黄金兽面像

❀ 黄金面具

他们行到一个印第安人的神庙内，庙内存放着齐布查族的酋长的木乃伊，身上盖着黄金饰物。这里的人对奎萨达说，这些黄金饰物是用食盐向另一个印第安国度交换的。他们还说，在瓜地维塔湖，每年在湖上举行一次神奇的仪式，就是黄金人庆祝大典。

庆典主要是为了向太阳神献祭最珍贵的黄金，以求风调雨顺。那天国王会穿上黄金盛装，身体上洒满金粉，戴上黄金饰品，乘坐木筏，从湖岸出发。周围的族人燃起野火，吹奏起乐器，国王便跃入湖中，把身上的金粉一洗而净，祭师和贵族们也同时向湖中投入贵重的金饰。

❖ 黄金灯饰

奎萨达最终没有找到更多的黄金，因为他们并没有找到真正的黄金国，但这个传说反而让越来越多的人相信黄金国的确存在。随后的几十年中，先后有一百多支探险队，为了寻找黄金国来到南美丛林。不过多数人都没能安全返家，他们为自己的贪婪付出了沉重的代价。

❖ 黄金国复原图

黄金国渐渐离开了探险家的视线，人们不再相信在南美大陆的丛林中有黄金国，直到19世纪初，德国学者波德率领的探险队来到昆迪玛伽高原，波德找到了真正的瓜地维塔湖。此

第一章 令人难忘的地方

027

❖ 黄金饰品

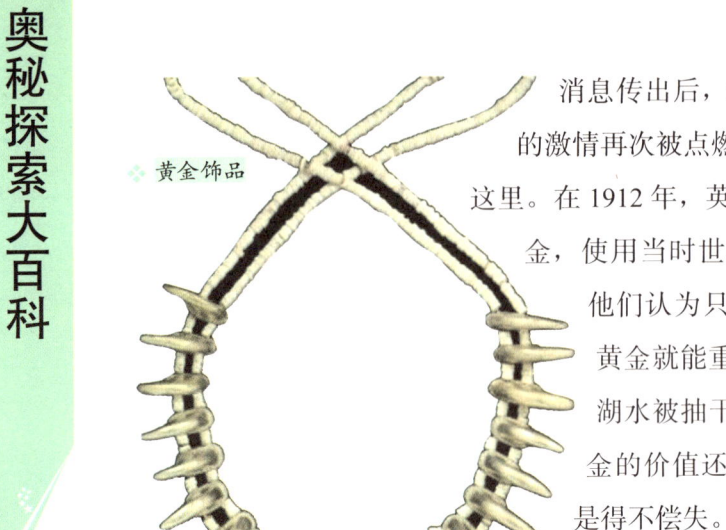

消息传出后，那些冒险家们寻找黄金国的激情再次被点燃，各路探险队伍纷纷来到这里。在1912年，英国的一家公司花费巨额资金，使用当时世界上最先进的打捞设备，他们认为只要把湖底的水抽干，那些黄金就能重见天日，令人失望的是，湖水被抽干了，但黄金少得可怜，黄金的价值还不够此次探险的费用，真是得不偿失。

经过几年的探寻，所有人无功而返，黄金国的传说再次被遗忘。几十年后，有两位哥伦比亚的农场工人在一处山洞里偶然发现了传说中的黄金国的国王，国王身穿黄金服装，有8位侍者站在两旁，他们的服装也是黄金制作的，这装扮与传说中的黄金人庆典十分相似。可见黄金国的传说并非虚构，只是人们还没有找到真正的证据。

Part1 第一章

谁绘制了纳斯卡巨画

第一章 令人难忘的地方

> 在地面上,你根本看不出它们有什么神奇之处,可是站在高处看它们,竟然是一幅幅巨画,古代的秘鲁人怎会拥有如此能力,难道他们能站在天空中指挥人们作画吗?

秘鲁的东南部有一片荒凉的狭长谷地——纳斯卡谷地。在这片狭长的谷地上,布满了奇形怪状的线条巨画。这些线条纵横交错,勾画出了一幅幅巨大的动物、植物和各种准确的几何图形。早些时候人们在地面上根本看不出这些图形有什么异样,在一次飞行中,一位飞行员发现了这些巨画。这简直不可思议,当时的人是如何绘制这些巨画的?难道他们能飞起来?

在公元20世纪,人们从纳斯卡这个地方,挖掘出大量古墓里的殉葬品,吸引了众多考古学家的前来。1926年"纳斯卡谷地巨画"的真面目才被公之于众,从此纳斯卡这座小城闻名于世。

考古学家研究发现,纳斯卡巨画制成于公元前500年左右。它们是平行展现在人们的面前的,分别由石块或"地沟"组成的各种各样的几何图形,如菱形、四边形等,以及惟妙惟肖的动物,如老鹰、海鸥、孔

❖ 纳斯卡巨画

029

雀、蜘蛛等，还有精美绝伦的植物。每个图案都有几百平方米，最大的竟占地5平方千米。最可贵的是这些巨画绘制得非常精妙，如果没有人在高空指挥，在地面上直接制造根本无法完成。

于是人们不禁问道，这些巨画到底是谁制造的？它们有什么用？针对此事，世界各界给出了不同的说法：在1941年，保尔·考苏克观察到太阳正从某一线条的末端上空落下，他认为巨画可能是古印第安人的天文日历，他们根据阳光在那条线上的沉落来确定季节和时辰，他认为这里可能是世界上最大的天文书；米吉业·艾克斯比认为，地面线条与印加帝国的"神圣之路"相似，圆锥形石堆即是"聚焦"——线条的聚合相交点，这里应与当时印第安人举行盛大的宗教祭祀活动有关，也可能是举行礼仪活动的场所；也有人说，人怎么可能在那么大的区域做出很多相同的图案呢？他们认为这应该是出自外星人之手，或许还是"外星人的跑道"呢！

❖ 纳斯卡巨画

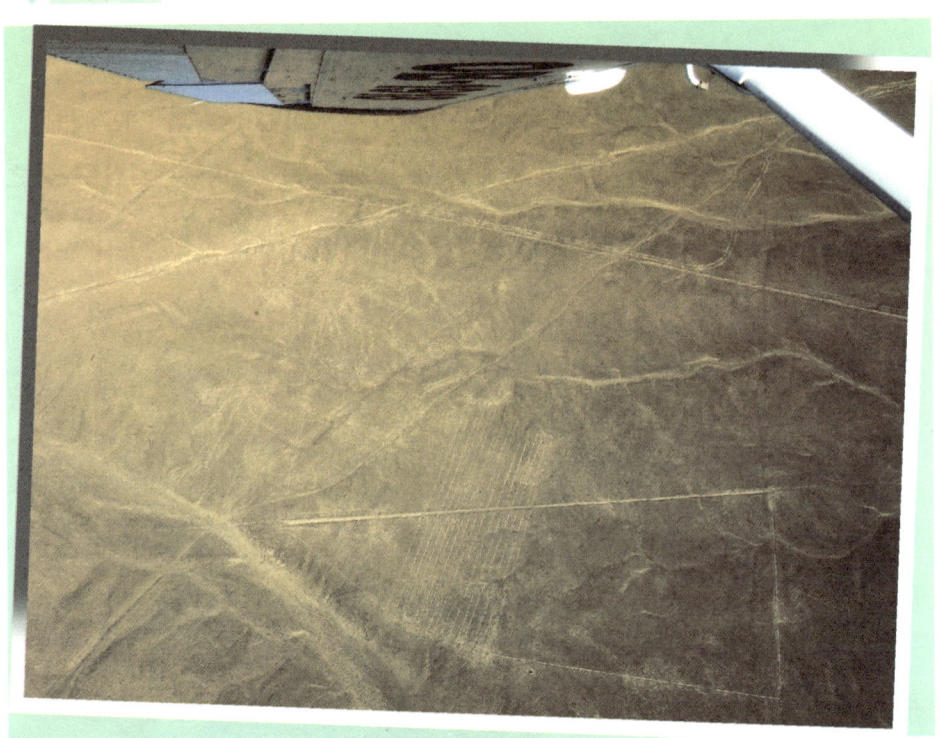

各种各样的推论和设想中，最具有代表性的还是德国的女数学家玛利亚·赖歇。来到此地后，她就被这种神秘的现象所吸引，并耗尽了自己一生的精力来对其进行研究。在她油尽灯枯之时终于自认找到了最佳答案：将线的一头固定，另一端像用圆规画图一样在地下旋转，就能画出每一条弧线。她还在几片较大图案旁发现了一些泥土草稿，由此

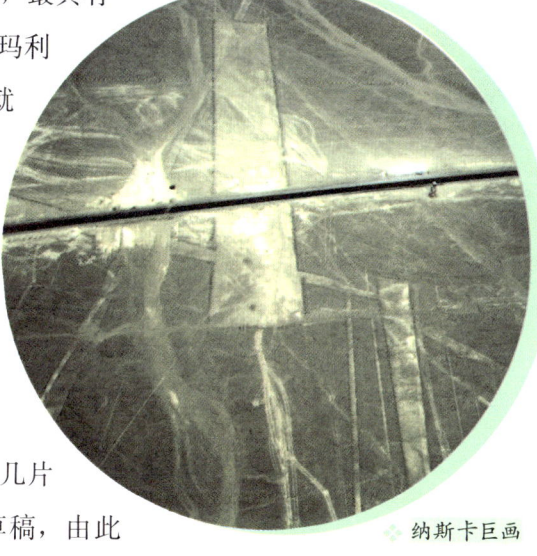

✧ 纳斯卡巨画

推断：设计者们会事先在约 1.8 米的小块地皮上设计图案，然后将弧线、中心点和辐射线调整适当比例后再做放大。

玛利亚的研究成果虽然对画中的直线和弧形线做出了合理的解释。但是

✧ 纳斯卡巨画

第一章 令人难忘的地方

031

奥秘探索大百科

知识小链接

据说纳斯卡当地荒凉又贫瘠，又常年干旱，平均每年下雨最多不超过半小时。也有人认为或许此地已经千年未降大雨了。但是为什么那些图案能够保存几千年而没有损坏？这一直是人们为什么孜孜不倦地追求谜底的原因之一。

画像中的其他动物、植物等不规则的图案又是如何制作出来的呢？可以肯定的是，设计者一定是先绘制好一个样品图，然后再付诸行动。但是他们是如何将设计图放大到这么大面积的土地上的呢？又是怎么在施工的过程中保证这些不规则的图案不至于变形呢？这些问题人们至今未找到答案。

◆ 纳斯卡巨画

Part1 第一章

法老**长眠**之地

第一章 令人难忘的地方

埃及，四大文明古国之一，埃及金字塔是埃及文明的标志性建筑，也是埃及法老的长眠之地，它们虽历经数千年的风沙吹袭却傲然屹立。然而金字塔并非那么简单，它的背后隐藏着许多秘密。

4500年以前，古埃及人认为，人去世后只要尸体保存完整，就能进入到另一个世界，或者再次复活，于是法老为自己建造了大型的陵墓。这些陵墓最底层为正方形，用巨大的石块向上堆建逐渐缩小，最后成为一个

埃及金字塔与狮身人面像

奥秘探索大百科

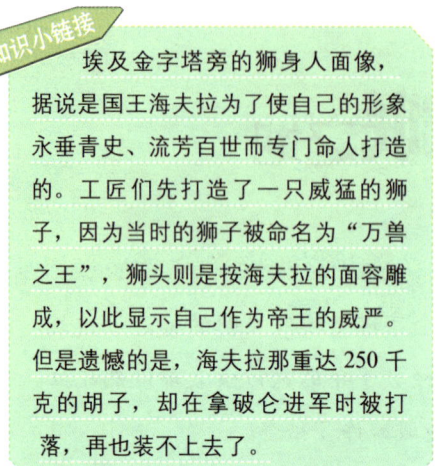

知识小链接

埃及金字塔旁的狮身人面像，据说是国王海夫拉为了使自己的形象永垂青史、流芳百世而专门命人打造的。工匠们先打造了一只威猛的狮子，因为当时的狮子被命名为"万兽之王"，狮头则是按海夫拉的面容雕成，以此显示自己作为帝王的威严。但是遗憾的是，海夫拉那重达250千克的胡子，却在拿破仑进军时被打落，再也装不上去了。

非常尖的顶角，这个形状很像中国汉字"金"，所以称它们为金字塔。埃及的金字塔大多建于古埃及王朝时期，目前已发现大大小小的金字塔有100多座。

其中最大最有名的金字塔是位于开罗西南面的吉萨高地上的胡夫金字塔，又称为大金字塔。它里面埋葬的是埃及第四王朝的第二位法老胡夫。这座金字塔是埃及的文化及建筑艺术的顶峰。此金字塔高146米，相当于现今40多层高的摩天大厦。若是绕金字塔走一圈的话，需要半个多小时。

令人疑惑的是，几千年前的古埃及人是怎样完成如此浩大的工程的呢？考古人员发现该金字塔由230多万块巨石组成，小的巨石重达1.5吨，最大的巨石可达160吨重，并且它们切割得非常精确，这说明古埃及人掌握了非常先进的几何知识。这些巨石是如何运到这里的？古埃及人用什么工具进行切割？这些疑问始终没有找到答案，但考古学家认为，胡夫金字塔的修建至少征用了10万名奴隶，所用时间长达20年。

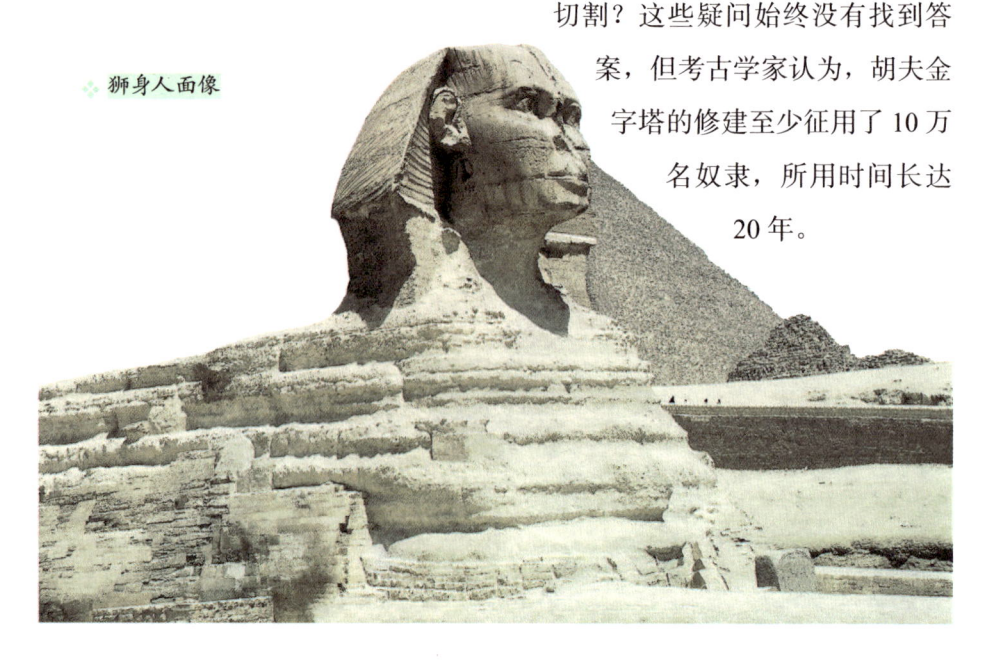

◆ 狮身人面像

第二大金字塔是埃及第四王朝的第四位国王海夫拉的陵墓（海夫拉是埃及第二位国王胡夫的孙子）。这一金字塔高143.5米。据说海夫拉为了能流芳百世，让世人铭记，特地依自己的面容做了狮身人面像。

胡夫金字塔

1839年，英国探险家打开了海夫拉金字塔，探险家发现了法老的木乃伊，以及奢侈的陪葬品。探险家心情非常激动，他将法老的石棺和大批文物集中起来，准备运回英国，谁也不曾料到，船在回国途中遇难！埃及人信奉法老的神灵不容亵渎，谁打扰了法老谁将死无葬身之地。该事件发生后，让很多准备到埃及探险的人打了退堂鼓。

在1993年，考察金字塔的团队有了重大发现，他们在考察过程中竟然意外地发现了一个古墓群，这个古墓群非常庞大，由160多个古墓组成。考察人员推测，这些古墓，应该就是埃及当时王朝一些富商权贵的陵墓。这些陵墓大小不一，形式各异，有的墓呈圆拱形，也有的呈金字塔的形状，不过这些比起真正的金字塔要小很多。小金字塔的材料主要由土砖、玄武岩或花岗岩组成。在陵墓里由象形文字记录了金字塔修建时的情况，就连墓壁上也绘制着各种各样修建时的图案。

埃及金字塔与狮身人面像

第一章 令人难忘的地方

奥秘探索大百科

为了进一步开展对古墓的研究,埃及文化部专门成立了一个科研小组。

走过了这些古墓群,在开罗以南约35千米的达舒尔还有几座与众不同的金字塔。这几座金字塔中有两座是为古埃及第四王朝的法老萨夫罗建造。它们之所以与众不同,是因为它们的造型独特,其中一座并不像其他的金字塔一样四面呈直线由下到上直接延伸,而是在它的每个面上都有两个坡度。考古学家发现,当时在施工时,先以54度的倾角修建,建到一定高度后,又改为43度的倾角继续向上建造,直至完工。这样的金字塔从四面看起来是弯曲的,故又称为折角金字塔。另一座金字塔是因为其整个建造过程,全部用的是一种红色的石灰石,因此看起来全身发红,故又称为"红色金字塔"。

与此同时,在考古工作者清理门卡乌拉金字塔底座时,又一惊奇的现象展现在众人的眼前。在此金字塔的旁边有一块高3.5米,重约4吨的石头上刻着拉美西斯二世的石像,而另一尊则是集拉美西斯二世和赫拉·乌赫梯神像于一体。拉美西斯二世是古埃及第十九王朝著名法老,吉萨金字塔属于埃及古王国时期的文物,而拉美西斯二世则生活在埃及新王国时代。考古专家认为这一重要发现可能有助于人们揭示金字塔地区更多的秘密。

❖ 金字塔入口

Part1 第一章

女儿国真的存在吗

> 大家只在神话故事《西游记》中听说过有女儿国，里面有一位美丽而又痴情于唐僧的女王。你知道吗？女儿国曾经真的存在过。

现实中的女儿国，并不是像神话故事里面讲的那样：全国只有女性，国人的繁衍生息是靠喝"子母河"的水。现实中的女儿国是指以女性占主导地位，并实行母系社会制度的国家。

据史书中记载，在唐朝有一个小部落被称为东女国，又称为女儿国。女儿国最有趣的是重女轻男，女性掌握实权，国王和官员为女性，而男性主要是服兵役和劳役。在这个国家，女王有正副之分，女王由各族推荐，在这个国家里没有夫妻关系，家中最年长的女性说了算，而且男性没有继承财产的权利，这真是一个神奇的国度。

唐朝中期，由于唐朝和吐蕃关系紧张，打了一百多年的仗。唐朝胜利，为避免劳民伤财，唐王逐步招降了一部分吐蕃统治区的少数民族到内地，并把吐蕃投降的8个少数民族从岷山大峡谷迁移到大渡河定居。这8个少数民族中就包括由东女国的女王所率领

→ 女儿国皇宫

第一章 令人难忘的地方

奥秘探索大百科

> **知识小链接**
> 唐玄宗是一位杰出的政治家、艺术家和音乐家，曾在公元710年与其姑姑太平公主一起联手发动"唐隆政变"杀掉了韦皇后，于27岁即位。他的开元盛世，使大唐盛极一时。到晚期，由于宠爱杨贵妃怠慢朝政，又加上重用安禄山，从而使大唐走向了衰败之路。

的部落。

当时东女国的女王到朝称臣拜见大唐天子，被册封为"银青光禄大夫"，此官位虽然品级很高，但却只是个虚衔（相当于现在的省级官员），并没有真正的实权。试想，大唐脚下，能人众多，怎么可能把实权交到一个外来投降的人手中呢？到了唐晚期，吐蕃势力逐渐强大，多次入侵到大渡河边。唐军组织兵力反击，在连绵不断的战争中，像东女国这样一些遗留部落，面对前是狼后是虎的状态下，进退两难，为了自保只能采取两面讨好的态度。

几十年后，唐朝经"安史之乱"，逐渐衰落直至灭亡，吐蕃也被其他政权所取代，青藏高原也重新回到了原来的部落时代。随着社会的进步，在女儿国，男性的地位逐渐提高，这些地区虽然不像原始社会那样女尊男卑，但是仍保留着母系社会的痕迹。又因为生产环境的限制，物产稀少，如果实行一夫一妻制，如儿子娶妻后，必定要分家，重新建立一个小家庭，以当地的经济能力根本无法承受。再加上地理位偏僻，和外界的联系几乎隔绝，不容易受到其他文化的影响。

据考证，女儿国在现在的云南和四川边界一带，他们被称之为摩梭人，仍然是女人当家做主。

第二章
海洋深处的奥秘

海洋，孕育生命的摇篮！它占有着地球上 70.9% 的区域。海洋自古以来就让人类感到神秘、惊奇和恐惧。海洋蕴藏着惊人的宝藏，吸引了无数勇士去征服和探险；海洋中也存在着许多未知的奥秘，让科学家们百思不得其解。但是随着科学的发展，人们已经开始进入海洋深处，看到了多姿多彩的水下世界，也揭开了海洋深处的许多奥秘。

奥秘探索大百科

Part2 第二章

海洋，你从哪里来

海洋，是你无私的给予使人类获得美食和生存空间，你的蔚蓝和碧绿，让人们流连忘返。当我们陶醉在美景和美味之时，不禁会想到，海洋你从哪里来？

当人类第一次登上月球，从月球上看到地球是一颗美丽的蓝色星球。为什么我们的地球会是蓝色星球呢？那蓝色到底是什么？宇航员们惊奇地发现，那竟然是海洋。

蓝色的大海几乎占据了整个地球表面，面积达到3.62亿平方千米。也就是说地球三分之二以上是海洋，大陆和岛屿占据的面积不足地球的三分之一。准确地说我们所生活的星球不应该叫地球，更应该叫海

第二章 海洋深处的奥秘

球。呢！为什么地球上会有这么广阔的海洋呢？海洋到底是从哪里来的呢？这个问题一直困扰着科学界。科学家们拿出多种推测和假说，有人认为海洋之水来自于地球本身，也有人认为来自于巨大的冰核体彗星。不过有一个假说得到了多数人的认可，海洋来自于地球本身的"进化"。

海洋

在50亿年前，地球还没有形成，从太阳系中分离出一些大小不一的星云团块，它们一方面绕着太阳旋转，一方面自己转动。几乎所有的星球的前身都是星云团，地球也不例外，星云团在运转的过程中，不断吸收小的星云团和星体，由小到大，最终形成了最原始的地球。这时的地球是一颗炙热的大火球，没有任何生命，连石头也没有，更没有海洋，此时地球是一颗

海岸线

奥秘探索大百科

海浪

"死球"。

此时宇宙非常混乱，星球与星球之间就像碰碰车一样乱撞，随着时间的推移，地球表面千疮百孔，变得像个久放而风干了的苹果：表面皱纹密布，凹凸不平。我们地球上的山川、平原、盆地的前身就这样形成了。

海洋此时仍未出现，在经历了很长的一段时期后，天空中的水气与大气混为一体。在这段时间里，地壳温度和大气的温度逐渐冷却，水气以尘埃的形式与火山灰结合为凝结核，当它聚集到一定数量后，暴雨肆虐，狂风席卷，到处是雷暴，到处是泽海，水汇聚到低处，越积越多，久而久之就成了最原始的海洋。

现在的海洋，水是咸的，但是原始的海洋，海水却是酸的。海水是怎样变咸的呢？随着水分的不断蒸发，水蒸气到天空后又变成云和雨，后又落回地面，循环往复，陆地上的盐分随雨水流入海中，而海底的盐分也在不断溶解，经过亿万年的积累融合，海水中盐分含量逐渐升高，成为咸水。

总之，世间万物的进化是非常奇妙的，由于水量和盐分的逐渐增加，海水的变化影响了全球的气候，随着地球地质运动的沧桑巨变，才最终形成了我们今天所看到的海洋。

知识小链接

目前，在太空中存在的星云团数目非常多，初步统计有1000亿个左右，通常是由星体爆炸形成的残骸。不同的是有的星云团在太空中不断地吸收小的星云团和星体，从而进化为星系，有的是直接变成太空中的尘埃。

Part2 第二章

海与洋的不同

第二章 海洋深处的奥秘

当我们看到广阔的海洋，那情景真是美丽又壮观！但你们知道何为海？何为洋吗？又有多少人知道它们之间有什么不同和联系呢？

海 只是洋的边缘部分，且比洋要小得多。海只占海洋总面积的十分之一左右，深度在 2000 米以内，按它们所在的位置可分为 3 个区域：边缘海、内陆海和陆间海。海离大陆比较近，受大陆的气候和季节的影响，海水的温度、透明度也都有着明显的变化，像天气一样。夏季，海水的温度就比较高，冬季温度就降低了。受陆地的影响，当河流带着泥沙流进海里时，海水就会变淡，海水的透明度也会变差。

边缘海也就是人们称的"缘海"或"边海"，边缘海位于海洋的边缘，是临近大陆的前沿，另一侧的半岛或群岛把它与大洋分开了，但水流也是十分通畅的，像我国的东海、南海都属于太平洋的边缘海。

内陆海位于大陆的内部，被大陆和岛屿包围着，它

咆哮的大海

043

奥秘探索大百科

海洋冰川

只有通过狭窄的水道才能回到大洋的怀抱里，欧洲的地中海和波罗的海都是如此。

内陆海又分为陆间海和陆内海两种。陆间海位于几个大陆之间，一般比陆内海深些，它可以通过海峡与大洋融为一体，比如欧洲地中海、亚洲地中海。陆内海，深入一个大陆的海，面积较小，平均深度较浅，海底地貌较单纯，受大陆影响相对较大的海，又称陆内地中海。如哈得孙湾、红海等。

知识小链接

海和洋是相互连通的，它们是一个整体，就像我们吃的鸡蛋，它包括蛋清和蛋黄。海洋它所代表的是一个整体，它既包括了洋的主体部分也包括了海的边缘部分。

洋是海洋的主体部分，它离大陆比较远。地球上主要分为4大洋：太平洋、大西洋、印度洋和北冰洋。由于大洋远离大陆，受化学污染比较少，所以大洋的水是蔚蓝色的，且十分透明，杂质也比较少。地球上大洋的总面积占海洋总面积的89%，水深一般大于3000米。因大洋离陆地比较远，一般不受陆地气候的影响，它的水温和盐度比较稳定，因为它有自己独立的海流和潮汐。

海岛

044

Part2 第二章

无底深渊——大海

第二章 海洋深处的奥秘

如果有人问你："世界上什么最深呢？"相信你一定会毫不犹豫地说："大海！"但是你知道大海到底有多深吗？

在古时候，生产力水平和科学技术发展水平都很低下的情况下，天有多高，地有多厚，海有多深，人们都没有准确的方法对此进行测量。即使有人能说出，也会被认为是信口开河，或是胡言乱语。

❖ 鲨鱼

相传在哥伦布环游世界的时候，曾用一根 800 米长的绳子，在绳子的下端系了一个金属铁锤去测量海洋的深度。更为可笑的是他并没有触到海底时便自作聪明地称，这就是海洋最深的地方。但是在当时的年代，也没有更有力的证据将他的说法否定。而现在随着科学的进步和电子学的发展，有科学家试着将"回声定位法"运用到测量海的深度上来。

❖ 海底阳光

"回声定位法"就是从海面上用发声器，向海底发出声波，声波会在接触到海底时反射回来。然后根据声波的传播时间和速度，计算出声波走过的距离，从而推算出海的深度。

奥秘探索大百科

海底沉船

知识小链接

人们根据蝙蝠能在黑暗中以极快的速度精确地飞翔，而不会同前方的物体相撞这一现象推出了"回声定位法"。这一原理的推出，在历史上是一次超越性的发展，它给盲人行走、测量水深、舰艇导航等很多方面都带来了很大的帮助。

现在人们经过多次反复的测算，已经清楚地知道了海洋的深度，并且已经得出大海的深度是从大陆向海洋中心逐渐加深的结论。海洋就像一个平放在地面的散沿式大盆一样，深度从盆沿到盆底逐步加深。最边缘是海洋与陆地相接的浅水区，水深在200米左右；再往里，地势会突然变陡，水深会增加到2500米；再往深处是大陆裙，深度在2500～4000米左右；大洋盆地是大洋最深处的基本地形，深度在4000～6000米之间。大洋盆地的边缘地带有更深且狭长的海沟，其深度一般在6000米以上。太平洋中的马利亚纳海沟深11034米，是我们目前测到的海洋最深的一处。

海底风光

046

Part2 第二章

海水可以饮用吗

第二章 海洋深处的奥秘

从小老师就教导我们要节约用水，保护水资源。而大家都知道我们所处的地球将近71%都是海水。但是为什么我们还经常听到水资源已经开始告急，难道海水不能饮用吗？

在非洲或一些沙漠地区，供人们日常饮用的淡水已经变得非常稀缺了。那么，我们不禁就要问了，难道我们的海水不能饮用吗？为什么还会出现缺水现象呢？

当你有机会到海边，到海水里去游泳戏水，如果你尝一口海水，肯定会感觉到又咸又苦，还有点涩。不仅如此，在海边游泳之后，如果不及时洗个淡水澡，将身上的海水冲干净，长时间和阳光接触，就会发现在皮肤上会有一层白花花的东西出现。

这些白色的东西是什么呢？为什么会出现这种情况呢？其实这种白花花的东西就是盐。但是这里所说的盐，并不是我们平时炒菜时放在锅里的食盐，而是盐类物质的一种概称。当身上的水分蒸发后，它就留

❖ 海水

047

奥秘探索大百科

海水

在了我们的皮肤上了。

　　海水里最重要的成分就是盐。根据科学家们的计算，在1立方千米的海水中，会有两千七八多万吨氯化钠，还有许多其他种类的盐。你有没有想过，如果海水被太阳晒没了会是什么样？科学家曾假想，如果将地球上所有的海水都晒干，那么我们的海底会变成60米厚的盐……海水中含有大量盐类和多种元素，其中许多元素是人体所需要的。但海水中各种物质浓度太高，远远超过饮用水卫生标准，如果大量饮用，会导致某些元素过量进入人体，影响人体正常的生理功能，还会导致人体脱水，严重的还会引起中毒。所以海水不能正常饮用。

　　如果喝了海水，可以采取大量饮用淡水的办法补救。大量淡水可以稀释

人体摄入过多的矿物质和元素，将其通过汗液排出体外。

海水是一种非常复杂的水溶液。海水中各种元素都以一定的物理化学形态存在。在海水中铜的存在形式较为复杂，大部分是以有机化合物形式存在的。在自由离子中仅有一小部分以正二价离子形式存在，大部分都是以负离子化合物出现。所以自由铜离子仅占全部溶解铜的一小部分。海水中有含量极为丰富的钠，但其化学行为非常简单，它几乎全部以 Na^+ 离子形式存在。

海水中的溶解有机物十分复杂，主要是一种叫作"海洋腐殖质"的物质，它的性质与土壤中植被分解生成的腐殖酸和富敏酸类似。海洋腐殖质的分子结构还没有完全确定，但是它与金属能形成强化合物。

> **知识小链接**
>
> 虽然海水不能直接饮用，但是，正如前面所讲，海水中有好多好多的"宝"。有些科学家们已经发现，并在地球上已经使用。现在，人们已经可以从海水中提取钾、碘、铀等多种元素。随着科学的发展，海水中存在的石油、天然气等多种资源，也将会被人们加以利用，海水对人类的贡献将会越来越大。

海洋生物

Part2 第二章

深入**海底**最深处

海底，这个距离我们遥远而又神秘的地方，到底存在着什么稀奇古怪的事呢？现在就让我们深入海底深处，对它展开探索吧！

当你去海底公园看到海底世界里各种各样的鱼儿和其他的水生动物游来游去，以及可爱的海豚游出水面向你问好时，千万不要认为这就是海底的真实现状。这只是人们选取其美丽的一面为大家消遣而已。

其实真正的海底世界是一个黑暗、寒冷和弱肉强食的世界。那里的水温很低，常年都保持在1℃~2℃。那里的植物很少，却生活着一些稀奇古怪的动物，大多数是我们平常很难见到的一些鱼类。这些鱼类有的会发出红色的、蓝色的或者绿色的光亮，在海洋中悠闲地四处"闲逛"。它们的存在给原本寂静的海底带来许多生机。

那么辽阔的海洋中最深处到底在哪里呢？

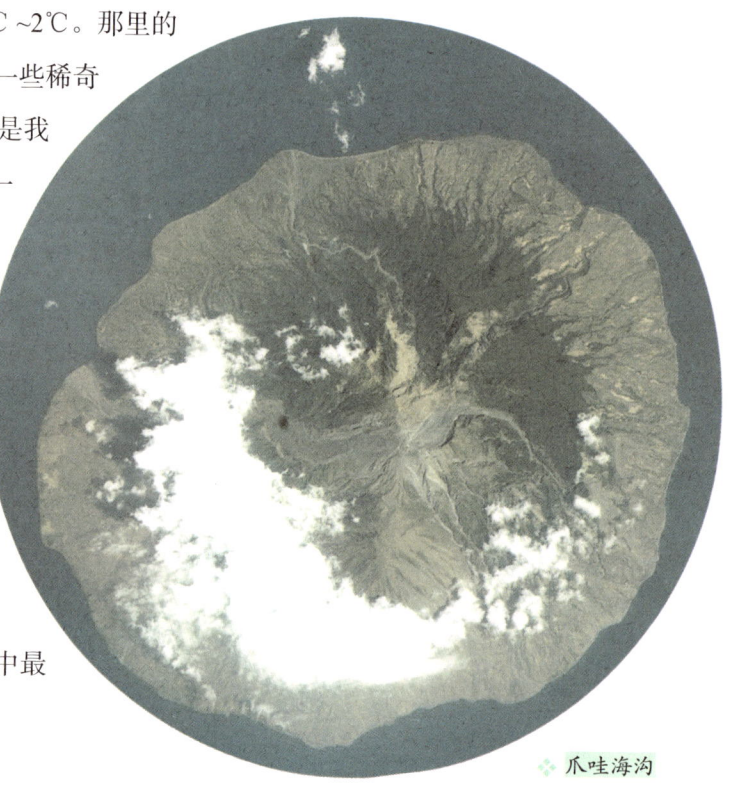

❖ 爪哇海沟

其实在大洋的洋底，都会有一条狭长的深渊，它们被称为海沟。这些海沟上宽下窄，呈梯形。就像是下台阶一样，一级级地直伸向海底最深处，有的从上部的几千米宽，到最深处只有500米宽，也许海洋最深处就在这种海沟沟底。世界上最长的海沟是印度洋的爪哇海沟，长达4500千米。但主要的海沟和最深的海沟还是集中在面积最大的太平洋内。

> **知识小链接**
>
> 根据目前已经掌握的资料，探测洋底世界对人类社会的回报将会是极其丰厚的。比如在大洋的底部蕴含着丰富的矿产、天然气、石油。若是我们成功地将其开采出来，对我们人类的发展将会是受益无穷的。

随着科学技术的提升，现在人们已经多次登上地球上最高的地方珠穆朗玛峰；也多次乘坐航天飞机到宇宙中去旅行，甚至还在太空中建立了能够供人类居住的空间站。但是，大洋的深处是个什么样子，人类还不是很清楚。这些未知之地时刻等待着我们去探索，等待着我们去揭开它神秘的面纱。

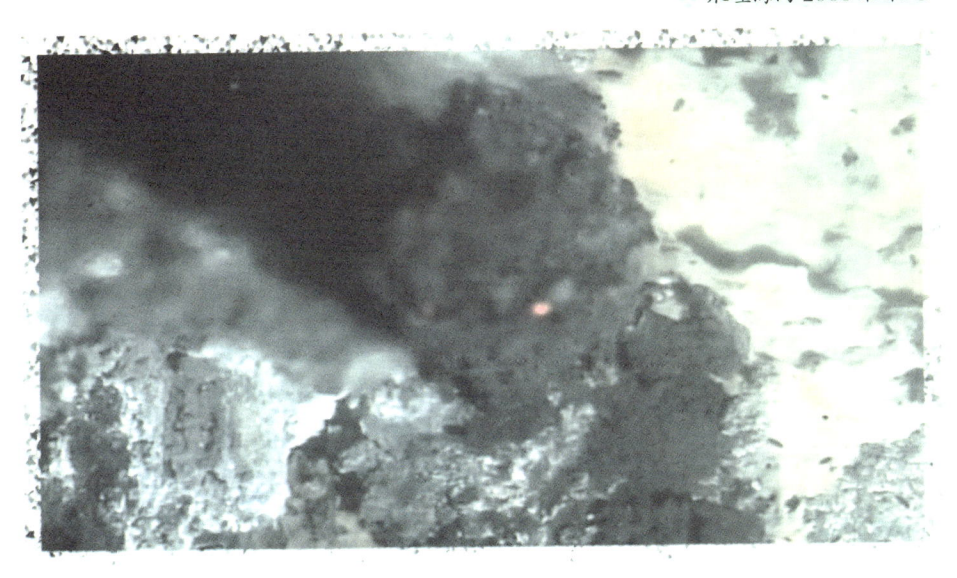

爪哇海沟2000米深处

Part2 第二章

海洋的七彩之色

海洋不是蓝色的吗？为什么会说是七彩之色呢？难道它也像彩虹一样，有各种各样的颜色吗？答案是海洋的颜色非常丰富，而且非常美丽壮观。

如果你试着将海水盛放到一个容器中，你就会发现其实海水和普通水的颜色一样，是无色而且透明的。那么为什么我们在地图上会看到有黄海、红海、黑海或者白海呢？

经过研究发现彩水海洋的形成主要是由太阳光线的照射、海水中的浮悬物质，以及海水的深度来决定的。大家知道，太阳光由红、橙、黄、绿、青、蓝、紫7种颜色组成。而这7种颜色的光，波长各不相同，不同深度的海水所吸收的波长也不相同。像波长较长的红、橙、黄等光束射入海水后，其光

❖ 雨后海洋

第二章 海洋深处的奥秘

海洋晚霞

波会先后被逐渐吸收，而波长较短的蓝、青等光束射入海水后，遇到海水内其他微细的、悬在海洋里的浮体，便向四面进行散射和反射。再加上海水对蓝光吸收比较少，而反射比较多，越往深处就越有更多的蓝光被折射回到水面上来，因此，我们看到海洋的海水便是蔚蓝色一片。这就是为什么我们通常会说海水是蓝色的。有人又要问了，既然海水对蓝色反射较大，那应该大部分都是蓝色的啊，为什么还会有红、黄、蓝、白、黑等其他颜色呢？这是因为有些海水变色要比反射的蓝色光芒要强，所以这时候海水就会改头换面，五彩缤纷了。

海洋里的悬浮物质也会影响海洋的颜色。海洋中悬浮质较少，颗粒也比较微小，这时的水色主要取决于海水的光学性质，也就是太阳光的照射。

从以上结论得出，大洋海水多呈蓝色；

海滩

近海海水由于悬浮物质增多，颗粒较大，所以近海海水多呈浅蓝色；而有少数河流，由于海底泥沙较多，所以致使海水发黄，就像中国的黄河一样。而某些海区有淡红色的浮游生物大量繁殖时，海水就会呈淡红色。所以平常我们所看到的红海其实就是海上悬浮的红色海藻为其镀上的一层红色的衣裳，因而取名为红海。

而黑海则是由于海里堆积了大量的污泥。另外，黑海由于地理、气候等多方面原因，海上多风暴、雾霾，特别是夏天狂暴的东北风刮起时，在海面上掀起灰色的巨浪，海水漆黑一片，这是促成海水变黑的主要因素，故得名黑海。

白海是北冰洋的边缘海，由于气候条件影响，那里异常寒冷，海面结冰期长达6个月之久。掩盖在海面的白雪终年没有融化。再加上阳光的反射，致使我们看到的海水经常是白茫茫的一片。

五颜六色的大海，真是魅力无穷，有着千变万化的颜色，有着丰富的物质，就像我们的母亲一样，默默地为我们做着无私的奉献。这就是大自然给予人类的最精美"作品"，最宝贵的"财富"。

❖ 海岸线

Part2 第二章

海底会"成长"吗

第二章 海洋深处的奥秘

> 世间万物都不是一成不变的,它们遵循着各自的规律。生命能够生长,海底世界也是一样,它也在悄悄地成长变化着。

随着科学技术的发展,20世纪50年代,地理学家用先进的技术测量了海底世界。人类从此揭开了海底世界的神秘面纱,将那伸手不见五指的海洋深处呈现在我们面前。

美国科学家赫斯和迪茨经过长期的研究后得出结论,海底世界并非一成不变,海底在不断地扩张。据他们的探测结果显示,海底有座相当长的海洋"山脊",连绵不断达83,683.6千米,穿过了世界上所有的海洋。从"山脊"的底部不断冒出岩浆,岩浆冷却后在海洋底部形成了一条条蜿蜒起伏的海

海底珊瑚

055

奥秘探索大百科

海龟

底山脉,这个过程被称为"海底扩张"。也就是海底地壳生长和运动扩张的一种学说。

高热流的地幔物质沿大洋中脊的裂谷上升,不断形成新洋壳。同时,以大洋脊为界,背道而驰的地幔流带动洋壳逐渐向两侧扩张。地幔流在大洋边缘海沟下沉,带动洋壳潜入地幔,被消化吸收,逐渐形成海底扩张。海底扩张说的诞生,可以解释一些大陆漂移说无法解释的问题。正因如此魏格纳的"大陆漂移"学说,被赫斯教授的"海底扩张"学说所代替就是情理之中的事了。

但是,你如果因此认为所有的海洋的扩张形式都是相同的,那就错了。因多种原因,地球上最大的太平洋和大西洋的扩张形式是不同的:大西洋在洋中脊处扩张,随着时间推移,大洋两侧与相邻的陆地一起向外漂移着,所以大西洋不断展宽。而太平洋底在东部的洋中脊处扩张,在西部的海沟处潜没,潜没的速度比扩张快,所以太平洋在逐步缩小,但洋底却不断地新陈代谢。所以古老的太平洋与大西洋的洋底一样年轻。深海钻研的结果证实,海底扩张说的上述观点是成立的,海洋在不断地成长着、变化着。

> **知识小链接**
>
> 最先提出大陆漂移说的是德国物理学家魏格纳。这一说法提出后曾在地质学界引起很大反响。年轻一代为此理论欢呼兴奋,认为开创了地质学的新时代,但老一代均不承认这一新学说。而大陆漂移说由于缺乏合理的动力学机制遭到正统学者的非议。直到海底扩张学说的出现,才迎来大陆漂移学说的胜利。

海底世界

Part2 第二章

海底也有大"烟囱"

第二章 海洋深处的奥秘

根据对海底的探索又产生了一些新的问题，那就是海底"烟囱"的由来，海底怎么会有"烟囱"呢，它又是怎么形成的呢？

温度的差异形成了两种不同的烟囱：黑烟囱、白烟囱。而它们的由来主要与海底的海水和金属元素在大洋地壳内的热循环有关。新生的大洋地壳和老地壳相比温度要高一些，当海水沿着地壳之间的裂缝往下流时可达到几千米深。当海水在地壳深处受热加温后，再通过一些化学作用，又溶解了岩石

白烟囱

海底烟囱

中的多种金属元素，然后它又沿着海水与地壳之间的缝隙上升并喷发到海底。刚喷出时这些"烟囱"还是澄清的液体，称之为"白烟囱"。当矿液与海水成分以及温度的不同，两者混合到一起时，很快就会沉淀，便形成了浓密的"黑烟囱"。

"黑烟囱"被科学家们称之为"研

057

奥秘探索大百科

究生命起源和大洋演化的指路灯"。经过大量的海底研究发现,"黑烟囱"周围存在着大量的古细菌,也是能自养生物的栖息地。"烟囱"中排放出的液体能维持一些特殊微生物的生命。像蓝藻就是通过"烟囱"中排放出的热液来获取它们所需的生物能量。这些现象的发现,使科学家们欣喜若狂,如获至宝。

现在人们已经在各大洋的海底深处以及深水湖泊中发现了大量的"黑烟囱"。由于这些海底硫化物比较密集,金属含量高,易于开发和开采,所以它将成为人类对海底矿产资源开发的首要任务。

> **知识小链接**
>
> 海底"黑烟囱"的研究是从1977年开始的,由于矿液与海水的成分和温度的差异,就形成了浓密的黑烟,冷却后在海底便形成硫化物的颗粒,而这些颗粒经过净化会形成金、铜、银等多种有重要经济价值的金属。

❖ 黑烟囱

Part2 第二章

海底的"背"与"脊梁"

> 俗话说:"人有脊梁,船有龙骨,这是人和船形成一定形状的重要支柱。"但是海洋呢,它也有着自己形成的支柱吗?海洋与陆地之间又是如何连接的呢?

我们平常所说的大陆坡其实就是连接海洋与大陆的纽带,它一头连接着陆地的边缘,另一头连接着海洋,是洋与陆的连接者,也可以称为海陆的桥梁。但是大陆坡是如何形成的呢?经过研究发现,大陆坡是轻而浮起的大陆和重而深陷的洋底之间的过渡地带。随着大陆裂开,会形成狭窄的幼年海洋。根据地壳均衡原理,在大陆与新洋底之间会形成陡峭的新生陆坡,这就是大陆坡地。

第二章 海洋深处的奥秘

奥秘探索大百科

大家都知道桥分多种，有长桥、短桥、弧形桥，等等。而大陆坡也有自己的种类，它依据自己的特点分两种。一种地形比较简单、坡度比较均匀，像北大西洋、欧洲及巴伦支海等地的大陆坡；另一种由于地势险恶，地形就复杂多了，坡面上坑坑洼洼、凹凸不平，这些大陆坡主要分布在太平洋内。

什么是海洋的脊梁呢？难道海洋也像人一样有脊梁吗？答案是肯定的。人有脊梁才能行于天地之间，船有脊梁才能行于大海之上。所以说海洋也有脊梁，大洋的脊梁就是洋中脊，它决定着海洋的成长。

在大洋底部延伸的海底山脉，称为洋中脊，又称中央海岭。洋中脊贯穿世界各大洋，是地球上最长、最宽的环球性洋中山系。它从北冰洋开始，穿过大西洋，经过印度

第二章 海洋深处的奥秘

>**知识小链接**
>
>洋中脊，又称中央海岭，是一条在大洋中延伸的海底山脉；在地质上，是一种巨型构造带，乍一看上去，像是一条长龙蜿蜒盘旋在海底的深处。

洋，进入太平洋，总长约 7 万千米。由于洋中脊是板块的主要扩张边界，也是新的大洋型地壳不断生长的地方，所以在洋中脊地带热流量较高，那里的地震和火山活动较为频繁。

洋中脊是如何被发现的呢？在 1873 年，科学家们乘坐名为"挑战者"的船在大西洋中进行海洋调查。用普通的测深锤测量水深时，发现大西洋中部的水深只有 1000 米左右，反而比大洋的两侧浅得多。这一奇怪的现象很出乎他们的意料。于是，他们又多测了几个点，结果还是如此。他们把这个事实记录下来。1925 年到 1927 年间，德国的科学家乘坐"流星"号调查船利用回声测深仪，又对大西洋的水进行了详细的测量，并且绘出了海图，证实了在大

苏特塞岛位于大西洋洋中脊

061

奥秘探索大百科

❖ 洋中脊

西洋中部有一条纵贯南北的山脉。这一发现，震惊了世界，并吸引了更多的科学家前来调查。经过高科技的探测及不断地补充，人们逐渐丰富了对它的认识。大西洋中部的这条巨大山脉，像大洋的脊梁，横于大洋之中，因而取名叫"洋中脊"。

❖ 十万年前海底火山喷发所形成山

Part2 第二章

海底的火龙

第二章 海洋深处的奥秘

火山不单是存在陆地上的，在海底的深处也存在着大大小小的火山。但是这些火山是如何形成的？又是如何喷发的呢？

其实海底火山是由海底岩浆喷出后堆积形成的丘体，约占地球上火山总数的80%，它的喷发比陆地上的更为频繁，但其猛烈程度同陆地上相比就要小得多了。

火山分为活火山和死火山两种。活火山是定时或不定时地进行喷发，而死火山则是永远不会喷发。那么海底的火山是活火山吗？也会定期喷发吗？当然，海底的火山也会定期地喷发，不过海底火山喷发的速度比陆地火山要缓慢一些。海底火山先是慢慢地喷发，等到快到海面时，才会喷出大量的火山灰、火山岩和火山气体。就像放烟火一样，非常美丽壮观，但是也非常危险。

当你发现海面无故冒出奇怪的轻

海底火山喷发

063

五级以上的地震引起

烟，海水的温度改变，或是颜色变成褐色时，就要多加注意是否会有海底火山喷发了。当海底火山喷发时，由于不容易防范，有时会给人类带来很大的灾难。

　　岛弧是呈弧形排列或弧形伸展的群岛。它主要分布于大洋边缘、大洋地壳与大陆地壳分界之处，因岛弧地壳的不稳定，所以多火山、地震。

Part2 第二章

谁让地球变暖

当你听天气预报的时候,是否有听到过,"现在的气温比过去同时期的气温有升高",这是为什么呢?是谁让地球变暖的?

经过科学家的研究发现,一种被称为厄尔尼诺现象的是造成地球气候温度普遍升高的主要原因。厄尔尼诺现象是指地处于太平洋热带地区的海水大范围异常增温现象。当这一现象出现时,会使地球温度升高,也导致影响气候的各种因素失衡,从而致使气候异常:凉爽的地方骄阳似火,温暖如春的季节突然下起大雪,雨季到来却迟迟滴雨不下,正值旱季却洪水泛滥。

厄尔尼诺现象形成的原因,在科学界有多种观点,比较普遍的看法是:在正常状况下,北半球赤道附近吹东北风,南半球赤道附近吹东南风。起风的同时带动海水自东向西流动,分别形成北赤道暖流和南赤道暖流。从赤道东太平洋流出的海水,靠下层上升涌流补充,从而使这一地区下层冷水上翻,水温就会低于四周。一旦赤道东太平洋地区的冷水上翻减少或停止,海水温度就会升高。而海水温度的升高,直接就会导致海内鱼群对环境的不适应而大量死亡。海鸟因找不到食物,而不能生存,或者离去。使沿岸以捕鱼为生的国家遭到巨大的损失,也会打乱生物界的生存链。

幸运的是,由于科技水平的发展和世界各国的重视。科学家已经可以通过海洋观测和卫星侦察对厄尔尼诺现象的出现进行探察。就像天气预报一样,可以提前几个月给易受厄尔尼诺影响的人群发出厄尔尼诺来临的警报,让人们可以及时采取应对措施,从而减少对人类的不利影响。

奥秘探索大百科

Part2 第二章

海面上的制冷空调——拉尼娜

地球是人类赖以生存的家园，所以对于我们家园气候的关心是每个人应尽的责任。但是你知道哪些原因可以导致气候变暖或是变冷吗？今天我们要了解的是一种海面上的制冷空调——拉尼娜现象。

拉尼娜是西班牙语"La Niña"——"小女孩，圣女"的意思，是厄尔尼诺现象的反现象，所以也称"反厄尔尼诺"现象，是赤道附近东太平洋水温反常下降的一种现象。当它出现时，会造成东太平洋海表面水温异常降低，同时也会伴随着全球性气候普遍降温。厄尔尼诺现象与拉尼娜现象都有一个可爱的名字，分别被译为"耶稣的小男孩"和"耶稣的小女孩"。这两种异常现象发生的时间常常一先一后。经常是厄尔尼诺现象先出现，然后拉尼娜现象会随后而至。所以科学家们将它们称之为"一对孪生兄妹"。

厄尔尼诺现象发生时可以使太平洋中东部海水温度变暖，而拉尼娜现象就是太平洋中东部海水异常变冷的现象。它们的发生都会影响到大陆气候的升温或者降温。

❖ 拉尼娜天气

066

经过科学家们一次又一次研究，终于发现了它们存在的规律及发生的原因。当赤道东太平洋表层比较暖的海水向西输送后，深层比较冷的海水就来补充，因此造成东太平洋海水表面水温偏低，从而引发拉尼娜现象。太平洋上空的大气环流叫作沃尔克环流，而当沃尔克环流变弱时，海水吹不到西部，太平洋东部海水变暖，就是厄尔尼诺现象；一般拉尼娜现象常会随着厄尔尼诺现象而来，出现厄尔尼诺现象的第二年，就会出现拉尼娜现象，有时拉尼娜现象会持续两三年。

知识小链接

当出现拉尼娜现象后，会使地球气候呈现多样化趋势，北方区域在拉尼娜现象影响下，赤道东太平洋水温偏低，东亚经向环流异常，而东南暖湿气流相对较弱。于是，北方强寒潮大风频繁出现，而降雨量却持续偏少，气温也居高不下。长江以南局部地区却是暴雨频繁。这些现象都是造成我国气候不稳的主要原因。

第二章 海洋深处的奥秘

◆ 拉尼娜天气

067

Part2 第二章

魔鬼三角洲

海洋中有一处被称为"魔鬼三角洲"的地方，所有船只来到这里就会胆战心惊，因为这片海域常常令船只、飞机莫名其妙的失踪。这就是百慕大三角。

百慕大三角，是一片非常广阔的海域，准确地说是三个地方之间的空间，从美国的佛罗里达半岛的南端，到波多黎各和百慕大群岛之间，呈三角形。"三角"的边长各约为1700千米。

一开始人们并没有发觉百慕大三角有什么特殊之处，随着科技发展，人类活动范围越来越大，该区域成为飞行、航行的交通要道，往来船只越来越多，随之而来的失踪事件也越来越多。据不完全统计，从20世纪以来该区域失踪人数达1200人以上，失踪飞机近30架，消失大小船只120艘以上。

首先发现百慕大三角的是航海家哥伦布，据他的航海日记记载，当他和

百慕大三角

船员一起航行到百慕大三角时，突然海风四起，惊涛骇浪肆意拍打着船只，让哥伦布想不明白的是，航海用的罗盘突然失灵了，无法辨认方向，幸运的是，哥伦布成功地闯了出来，但百慕大三角的诡异给他留下了深刻的印象。

哥伦布的航海经历并非偶然。在哥伦布时代，人类的航海技术和通信技术比较落后，进入20世纪后，人类在船只上安装了先进的无线电通讯设备、导航设备等各种仪器，很多在百慕大三角经历过诡异事件的船员表示，他们的船正在正常航行，突然船的动力失灵，所有仪表不能正常工作，无线电通信失败，但这种情况持续几秒后又恢

✤ 百慕大三角岸石

百慕大三角

第二章 海洋深处的奥秘

奥秘探索大百科

❖ 百慕大三角漩涡

复正常。有人还说天空中出现了耀眼的白光，那种白光他们从未见过，这些现象让科学家们至今无法解释。

我们来看一下几起著名的百慕大三角诡异失踪船只和飞机的事件。1918年3月，美国海军"独眼"号军舰在百慕大三角行驶时，毫无预兆地失踪，没有求救信号，没有无线电通信，就像它从未来过这里一样。

1925年4月，日本远洋货轮"来福丸"号，进入百慕大三角海域没多久就失踪了。

1945年12月，5架美国海军"复仇者"轰炸机在百慕大海区执行任务，5个小时后，5架轰炸机从雷达屏幕上消失。事前没有任何征兆，美军方感到此事蹊跷，调动了数百架飞机、船只寻找失踪飞机。他们在百慕大搜索了近一个星期，每一片海域都没有放过，但没有任何收获。此事不了了之，然而令人迷惑的是，40多年后，美国的一批海底探险家竟然在大西洋海底，找到了1945年年底在百慕大三角失踪的5架轰炸机的残骸。

1973年3月，一艘摩托快艇驶入百慕大三角海域，当时风平浪静，突然海面刮起大风，快艇竟旋转下沉，艇上32人全部罹难。以上种种现象，使人们对百慕大三角产生了畏惧之心。

难道百慕大三角真的有魔鬼住在那吗？是因为经过的船只和飞机打扰了它的宁静，所以才对他们施魔咒吗？

究竟是什么原因使这片海域变得如此神秘令人恐惧？为什么以上发生的种种现象都不能用现代的科学知识来解释呢？几十年来，科学家们为了弄清楚发生在百慕三大角的奇怪事件，提出了许许多多的假设。

1. 磁场说

研究人员发现，失踪的船只和飞机大部分都有一个共同的特点，正好都是月球离地球最近的时间段发生的。月球引力和地球重力对地球的磁场产生了影响，在这种情况下，百慕大三角某个区域很可能形成了一个超强的磁场。船只和飞机在该时间段从这里经过，势必会对设备产生影响或者无法使用，从而导致事故的发生。

❖ 百慕大三角鬼怪？

2. 海下水桥说

瑞典科学家阿隆森的推测也得到了一些人的认同，他认为在百慕大三角海底深处有一条"海下水桥"，这是一股暗流，起点是百慕大三角海底的某

百慕大三角

个区域,水流穿越美洲大陆,流向太平洋,这种观点解释了一些在百慕大三角失事的船只残骸却在太平洋被发现的原因,但目前还没有发现存在海底水桥的确凿证据。

3.甲烷气体说

有人认为,百慕大三角海底可能蕴藏着丰富的甲烷气体,这种气体就是我们生活中常用的天然气。该气体与海水混合后,海水的温度、周围环境的气压都会发生变化,当它从海底被大量释放后,海水和天然气混合物的体积会膨胀,此时船只行驶在该区域,海水无法承受船只的重量,使船只下沉,因为天然气属易燃气体,当它冲出海水表面,进入空气,会使空气中氧气含量下降,船只和飞机都可能会因为气压下降和氧气不足而失去动力。

第三章
人迹罕至的极地

极地一直都是一个神秘的地方，大家都很好奇在极地究竟有着什么样的生物，或者是哪些神秘的宝藏。当然，很多人对于极地却是望而却步的。因为在寻常人看来，极地等同于一片死地。那里的气候环境并不适合人类生存，现在就让我们来好好地认识一下极地到底是什么样的。

Part3 第三章

南极点的探索之旅

在南极有一片大陆,这片大陆被冰雪覆盖,有的人想要去征服这片大陆,然而更多的人却是为了探秘南极。那么都有谁到达过南极呢?

据记录,早在1911年的时候,就有一个叫作阿蒙森的挪威极地探险家率领队伍前往南极探险,这支队伍是历史上最早一支到达南极的队伍。他们用了很长的时间才在1911年12月14日到达南极点,等到消息传播出去时已经是1912年3月7日了。但是尽管如此,他们也比英国人罗伯特·费尔康·斯科特领导的探险队早到一个月。因此历史上大家都记着阿蒙森的名字,不过遗憾的是,在1928年的时候,阿蒙森为了救援一艘在北极遇难的"意大利"号飞艇,不幸失事,他的飞机到现在也仍未找到。

南极大探险

1911年12月14日，一辆极地航船"弗拉姆"号驶向了南极，船上是挪威探险家罗尔德·阿蒙森以及他的探险队。其中还有一块格拉苏蒂的观测表也跟随着罗尔德·阿蒙森一起，在旅行之中正是靠着这块观测表，罗尔德·阿蒙森才能很好地计算出探险队向南极行进路线中所处的位置。当然，在航行的过程中指南针和六分仪也是必需的。

足迹

为了纪念阿蒙森，在月球的南极上的一个比较大的环形山被命名为阿蒙森环形山。在奥斯陆的弗拉姆博物馆有着关于阿蒙森这一次探险的历史文献资料，其中包含着阿蒙森的那块探测表。而且在南极点也有一个南极考察站是根据阿蒙森和他的竞争对手斯科特命名的，叫作阿蒙森-斯科特站。

罗伯特·福尔肯·斯科特当时和阿蒙森是竞争对手，遗憾的是他没有完成第一个到达南极点的愿望，而是被罗尔德·阿蒙森抢先一个月到达那里，不得不说是一件十分遗憾的事情。

在1910年6月的时候，在"特拉·诺瓦号"上的斯科特，听说阿蒙森也正在前往南极。顿时，斯科特就让一部分队员留下，而斯科特带着另外10个人向着南极点而去，想要抢先一步到达南极点。然而就在1911年11月1日的时候，暴风雪降临到了南极，斯科特在暴风雪中失去了补给，补给点没有给斯科特足够的补充。而斯科特恰好是用机动雪橇和矮种马作为动力的，但是矮种马在雪地里根本跑不动，所以失去了补给的斯科特遭遇到了前所未有的困难，很快他

南极大探险

第三章 人迹罕至的极地

075

奥秘探索大百科

知识小链接

> 南极大陆可以说是世界上最晚被发现的一块大陆，它孤单地在地球的最南端，上面覆盖着厚厚的冰雪，有着"白色大陆"之称。同时这一片作为世界上第五大的大陆并不属于任何一个国家，它是独立的，属于全人类的。

们就倒在了暴风雪之中。

而另一边的阿蒙森则是采用了狗和雪橇作为动力，这样传统的狗拉雪橇给阿蒙森赢来了时间，也带来了安全。没有像斯科特那样倒在了南极点，而是安全地返回。

其实这不得不说是斯科特的一种迷信，迷信人拉雪橇，讨厌爱斯基摩狗。然而，却没有考虑到南极高原恶劣的气候，让马匹和机动雪橇纷纷坏在了路上。同时强大的暴风雪给斯科特来了一次真正意义上的"雪上加霜"，让斯科特在距离补给营地十几千米的路上饮恨而终，令人唏嘘。

南极大陆上充满着机遇和危险，但是它的神秘却吸引着更多的人向往南极。

❀ 南极冰洞

Part3 第三章

史前南极的探索

南极充满着神秘，不仅仅是因为它的人迹罕至，还因为人类对史前历史的探索，从而吸引了不少人前往南极进行科考。

在南极的一座很大的冰山之上，有许许多多巨大的冰雕，几乎有50米的高度，有些是人像，有些是海豚、海狮或者企鹅。它被刻画得栩栩如生，就连那丝丝毛发都清晰可见。

曾经有一个美国的科考学家考克莱斯教授，专门乘直升机到这座巨大的冰山上考察过。他从直升机的录像上看到每一座冰雕都是那么与众不同，都是那么活灵活现。

或许有些人会说是人为的，但是通过观察发现，在那座冰山上，没有供人攀爬的地方，它没有一个支撑点，哪怕是搭建手脚架也是行不通的，再加上这是在狂风呼啸的南极高原上，怎么又会有人能灵活地去雕刻这些冰雕呢？

但是神奇之处就在这里，到底这些冰雕是怎么来的呢？

莫非是外星人？

还是在几千年

南极冰雕

奥秘探索大百科

前南极大陆之上就有一群人在这里生活？

❖ 南极冰雕

其实早在1998年的时候，就有人造卫星发现了南极大陆的腹地有着一座空城，尽管和我们现代化的城市并不相同，但是可以说比我们的城市先进得多，有着别具一格的房屋，有着一层隔温层，虽然这座城市没有人，但是在这座城市之内竟然是绿树成荫，宛如春天一样。

科学家们得出了许许多多的结论，尽管各不相同，但是有一点是确定的：这些建筑是当前我们人类无法做到的。

有很多人想要去探索这座城市，然而到现在为止却没有人能够进入到这座城市之中。因为在南极高原上有一种可怕的死光。它会把一切东西带入到

❖ 南极冰雕

一个陷阱之中。

1975年，有一架直升机发现了这个地方，想要为科考队员们进行探路工作，但没想到在途中遇见了死光，当时就出现一片混沌，让先进的直升机失去了方向，紧接着就发生了机毁人亡的惨剧。坐在雪地越野车上的科考人员也没有逃过这一劫：也是因为死光的原因，失去了方向，一头栽到了巨大的冰窟窿之中。

> **知识小链接**
> 死光不同于极光，它属于一种很异常的自然现象，通常出现在中午。它一旦出现，四周的景物似乎就会在瞬间"消失"了，无论你眼前有着什么，你只能看见白茫茫的一片。如果你在高速行驶之中遇见了它，那么就宣告了你的死亡。

据记载只有一个前苏联的科考人员罗兰诺夫博士从死光中逃出来了。在1978年，他和他的伙伴们一起去南极大陆的腹地，但是很快就遭遇到了死光，所有的东西都看不见了，很快车子就迷失了方向，一头撞在了冰山之上。但是罗兰诺夫在当时并没有死去，跌跌撞撞地在南极冰川上走了三天三夜，幸运的是被自己的其他同伴发现了，从而解开了死光的真面目，但是他也因为三天三夜的饥饿和寒冷差一点死去。现在对于死光还是没有人能够得出一个准确的结论，或许死光就是史前人类给那座城市的一个屏障吧。

南极冰雕

Part3 第三章

南极臭氧洞

有时候我们看的报纸或者杂志都会提到在南极大陆的上空有着一个巨大的臭氧层空洞,那么这到底是怎么一回事呢?

在南极,每年的8月到9月就会出现一个巨大的臭氧层空洞,这个空洞到了10月的时候甚至可以笼罩整个南极大陆,而到了11月之后才会慢慢地恢复。那么这是怎么一回事呢?

其实说到大气中的臭氧,它们是依靠阳光中的紫外线来促使氧分子分解成氧原子,然后相互结合就形成了臭氧。臭氧层是位于大气的平流层,一般也就是20千米左右的高度。当然臭氧的总含量并不多,还不到地球大气分子数的一百万分之一,如果叠加起来,其实就三毫米那么高。

臭氧层的作用其实是很大的。在太阳光中有一种紫外线会导致皮肤癌和白内障,而臭氧层却是吸收这种紫外线最好的武器,因此,地球上的生物都是靠着这个臭氧层生存的。

不过,南极大陆上空洞的出现,并不是说整个臭氧层的消失,而是臭氧的含量在不断地减少,导致无法吸收紫外线而已。

或许大家都在疑惑,怎么会在南极大陆上出现了如此恐怖的臭氧层空洞呢?这全是我们人类大量使用氟利

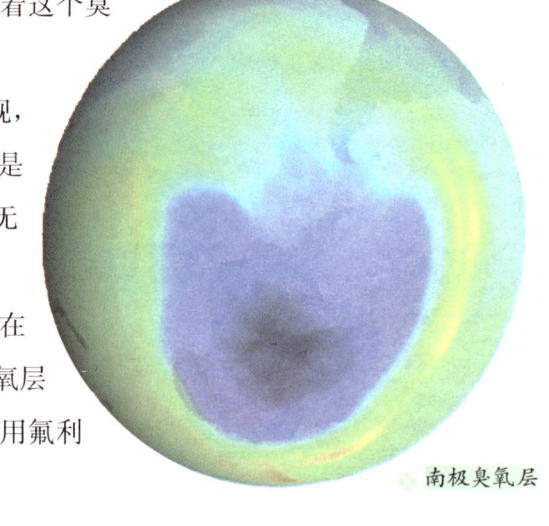

南极臭氧层

昂的原因。

　　氟利昂是用在空调和冰箱的制冷剂和雾化剂，它到了高层大气之中就会被紫外线分解形成氯原子，而氯原子对臭氧构成了威胁，因为它可以分解掉臭氧。在南极上空20千米高度的地方，有着许许多多的冰晶云，直接加快了氯原子的催化作用，因此导致了南极大陆上空的臭氧被大量分解。还因为南极大陆上空是一个封闭的大气环流系统，让失去的臭氧没有了补充，因此导致了大气中的反应和运动形成了南极大陆上空的臭氧层空洞。

　　这个空洞的出现，时时刻刻都在对地球上的生物产生威胁，也使得各个国家开始重视这个问题。世界上的人们都在号召有关生产空调和冰箱的厂家，在生产的过程中，减少和停止使用氟利昂作为制冷剂，使用绿色环保无氟产品，同时号召人们购买无

氟利昂

南极臭氧层空洞引起的天气变化

第三章 人迹罕至的极地

氟产品。很多时候，我们在日常生活中，也可以对美丽的环境建设贡献出一份力量。

在南极臭氧洞出现之后，有些国家纷纷辩解说没有什么大的危险，但是它终究还是有着许多危害的。大家都知道医院和实验室的紫外线会杀死细菌和病毒，同样的原理，让我们在太阳下暴晒一会儿，皮肤就会变黑，而透过臭氧空洞的紫外线就会对人和生物产生杀伤性的作用。

当然在一般情况下，紫外线由臭氧层减弱，并没有那么容易到达地面，所以人们日常照晒的紫外线很弱，不会对人体造成伤害。但是如果臭氧层减少，那么大气圈中的臭氧也会跟着变少，更严重时会出现巨大的空洞，没有了防御，紫外线就会直接照射到我们的身体上。

但是，并不是所有的紫外线都是有害的。它有着三个长波，两个短波，它对我们的杀伤性是最大的，最严重时甚至会促使皮肤癌的出现。因此，强烈的紫外线很容易对地球生物造成遗传性物质的破坏。

所以，在南极大陆上空的臭氧层空洞的出现不能说是没有危害的。

在南极大陆之下是众多的海洋生物，而正是这些强烈的紫外线，导致了这些海洋生物的繁殖能力下降，也让整个南大洋的生态循环出现了问题。

在地球上，很多的生物都是畏惧紫外线的，因为紫外线具有极大的杀伤

❀ 南极冰藻

性，但是还是有少数的生物并不畏惧紫外线。

这就得益于生物的一种自我修复能力，特别是在温带地区的生物，它们就具备着一定的修复能力，可以在细胞水平和分子水平上修复。

它们有着许多的修复方法：

第一种就是光复活，它们可以通过较长波段的紫外线，用酶把自身的损伤让己转化成一种叫作脱氧核糖核酸分子的东西来进行修复。

第二种就是自我的切除修复，这可以说是躲在暗处偷偷进行的，生物通过酶把自身损伤的部位给切除掉，就留下一点点的伤痕，如同外科手术一样的精确。

第三种就是复制受伤的地方进行修复，通过脱氧核糖核酸来复制，把受到损伤的细胞给修复起来。

在南极大陆上的生物，也常常会利用温带的生物这种修复方法来修复自身受到的创伤。比如：南极大陆上的一种植物"地衣"就有着自己的一种修复能力；而水中的一种"冰藻"自身就有着对紫外线的"屏蔽"作用，让紫外线不能透过自己这层冰藻层，保护了自身，也保护了其下面的生物。

❖ 南极臭氧层空洞引起的天气变化

Part3 第三章

二十四小时的白天黑夜

二十四小时的白天黑夜,就是人们常说的极昼和极夜,这是一种在南极和北极特有的自然奇观,让人不禁对南极和北极有着无限的期待和猜想。

那么,究竟极昼和极夜是怎么样的呢?极昼就是二十四小时的白天,自始至终天空都是明亮的;而极夜就是二十四小时的黑夜,没有太阳的出现是一片漆黑。

生活在极地一些高纬度地区的人们,不同于我们这些在低纬度生活的人们,他们不依靠太阳落山来判断睡眠时间,因为一年中的大多数时间里,都不会发生昼夜更替的现象。

其实,这种昼夜更替的出现时间会随着纬度的不同而改变,纬度低的地方昼夜可以说是几乎相同的,而在南极点上昼夜交替的时间就是半年一次,也就是说在一年的时间中,白天是半年,黑夜是半年。因此有的人说,这里的一天等于其他地方的一年。

◆ 极夜

不过离开极点一直走，纬度就会越来越低，这样就不会出现南极点的奇特现象了，等到走出南北纬80度这个纬度，就进入到正常的昼夜更替了。

但是在极昼的最后时期，看见的黑夜会是很短暂的，不过之后就会是黑夜越来越长，从而极夜也就来了。

极昼

在中国的南极长城站，尽管是处在南极圈的外面，但是在12月的深夜，还是会出现蒙蒙亮的天，不是那么的黑。

极昼和极夜都是出现在南北极，但是北极的极昼、极夜和南极正好是相反的。南极是极昼，北极就是极夜，南极是极夜，北极就是极昼。这是因为地球有着一个倾斜角，在自转的时候始终

知识小链接

如果太阳直射点在哪个半球，另个一个半球的极地附近就会出现极夜现象。所以，春分过后，南极附近就会出现极夜，此后极夜范围越来越大；至夏至日达到最大，边界到达南极圈；夏至日过后，南极附近极夜范围逐渐缩小，至秋分日缩至0；秋分过后，北极附近出现极夜，此后北极附近的极夜范围越来越大；至冬至日达到最大，边界到达北极圈；冬至日过后，北极附近极夜范围逐渐缩小，至春分日缩至0。如此周而复始，其周期为一个回归年。

会有一极朝着太阳，因此这种现象在其他的地区也是没有的。

极夜

第三章 人迹罕至的极地

085

Part3 第三章

比北极还冷的南极

或许在人们的印象之中北方总是比南方冷得多，当然这是我们在北半球的缘故。其实南极大陆上的气温要比北极还低20多摄氏度呢。

因此有很多人好奇为什么南极大陆的气温比北极低这个问题，不过这个问题早就有科学家解答出来了。

在南极大陆之上是一层厚厚的冰雪，这些冰雪可以说是整个地球的制冷源，地球上的空气都是在南极大陆上来进行冷却的。而且白色的皑皑大雪就如同一面镜子一样，直接就把太阳照射的光给重新反射回去了。要知道北极并没有南极这样的冰雪来反射这么强大的太阳辐射。

最重要的是南极大陆的周围基本上都是长年都不会融化的海冰，这些海冰会把海水和空气之间的交换隔绝开来，这也是南极大陆四周的海水为什么如此冰冷的原因。

同时，南极是一片大陆，周围都是海水。而北极却是一片海洋，周围都是大陆。这也是它们温度不同的一个很大的原因。

❖ 南极冰鱼

还因为大陆吸热比起海水来要快得多，散热程度也较快，因此南极大陆吸收储存热量的能力自然没有北极海洋那么强大，这从地形上就决定它们之间的温度差异了。

还有一点就是风的问题，南极还有一个称号，那就是"世界风极"，连绵不断的大风让南极大陆始终处于降温之中。

企鹅

大气环流也是一个决定因素，在南极大陆的周围有着一层西风环流形成的风壁，这就直接把热带地区的暖气给阻挡住了，让它们返回到热带。而北极因为被大陆包围，所以它的风还有海都被包围住了，直接就促进了暖气流从大西洋向着北冰洋流去，因此差别也就拉大了。

它们最突出的不同莫过于它们地理位置和地形的不同。南极是一个被大洋环绕的大陆，它位于地球的最南端；而北极却是一个被大陆围绕的海洋盆地，它位于地球的最北端。南极和北极都很寒冷，但是在南极的气候却要比北极恶劣得多。南极享有"世界冷极""世界风极"和"世界旱极"的极端称号。尤其是它的气温，南极的年平均气温为-50℃，而北极的年平均气温则要高得多，为-18℃。

第一，我们知道南极拥有世界上最大的冰盖，这巨大的冰盖使之成为世界上的第一大"冷源"，它终日散发着寒气，迅速冷却着空气。

第二，白色的南极冰盖像一个巨大的反光镜将接收到的太阳辐射绝大部分反射回空中了。而北极由于不具备像南极这样规模的冰盖，从而也就不会散失掉如此巨大的辐射能。

第三，众所周知，南极是一块大陆，在它的周围，围绕着茫茫的南大洋。

奥秘探索大百科

▲ 南极冰层

南大洋的绝大部分时间是被海冰封冻的，有些甚至还长年不化，这样就大大阻碍了海水与空气之间的交换，使南极四周的海面始终保持着较低的温度。

第四，南极是大陆，周围环绕的是海洋；北极是海洋，周围环绕的是陆地。这个根本的区别导致了它们很大的不同。我们知道，大陆吸热多，但散热也快，所以，南极大陆的储热能力很差。而北极是海洋，海水的储热能力远远超过了南极大陆。所以，这个地形上的差异导致了南极比北极寒冷得多。

> **知识小链接**
> 西风环流可以说是全世界洋流之中最强劲的洋流了。它一直绕着南极洲，从西向东不断地流淌，把温暖的海水隔绝在南极洲外，从而对南极洲上的冰原做出了极大的贡献。

第五，南极是世界的风极，那儿连绵不断的大风最终也能导致极度的寒冷。

Part3 第三章

南极北极的异同

第三章 人迹罕至的极地

南极和北极都是地球的极点，分别在南北两端，长年被冰雪覆盖，它们两者有着相同之处，又有着不同之处，到底它们之间还有什么差异呢？

所谓的南极圈其实就是南纬66°34'的纬线圈，我们所知道的极昼极夜现象就是在这一个纬线圈里才会发生的。因为地球是倾斜的，所以太阳照射地球也是带着倾斜角的，因此很多时候太阳会贴着南极大陆的地平线照射，而且到了正午的时候也没有多少热量，因为它照射的角度确实是太小了，没有过多的热量，因此那里就形成了南寒带。而这个南极圈恰好就是南半球温带和寒带的分割线。

在南半球，纬度有着许许多多有趣的叫法，比如，咆哮的南纬40°、狂暴的南纬50°，以及尖叫的南纬60°。当然这些都是因为南极圈那独特的地形。在南极圈四周没有任何的阻拦，再加上西风不断地猛吹，还有许多在海面上漂浮的冰川，都让航海的人对这里备感头疼。

089

奥秘探索大百科

而北半球的北极圈也和南半球南极圈差不多，同样是66°34'的纬线圈，只不过是北纬。北半球极昼极夜现象也同样出现在这个纬线圈子里。因为和南极圈一样，由于太阳倾斜角的缘故导致了热量不足，因此这里也比其他的地方寒冷不少。同样，这北极圈也是划分北半球的寒带和温带的分割线。

北极狐

不过北极圈之中的大陆比南极圈多得多，有格陵兰、北欧三国、俄罗斯北部、美国阿拉斯加北部，以及加拿大北部等，而且北极圈内的岛屿有很多。由于寒冷的原因，没有多少生物生活在北极圈内，植物都是一些苔藓地衣等，动物有独特的北极熊、海豹等。

北极尽管和南极都处于寒带，但是它们的地理位置却是不一样的，一个是在地球的最北端，被众多大陆所包围的海洋；一个是在地球的最南端，被四周的海水所包围的大陆。而且南极的气候可以说比北极的要更为恶劣，因为南极有着许多极端的称号，比如"世界冷极""世界风极"和"世界旱极"等。南极和北极的气温虽然都是摄氏零度以下，但是差距却高达20摄氏度，自然是南极要比北极冷。

北极尽管寒冷，但是还是有着一些常住人口，不像南极，除了一些定期轮换的科考队员

北极熊

090

知识小链接

其实极圈是根据太阳光确定出来的极区永久界限。这个意思就是不再变更，它是划分温带和寒带的重要界限。它的纬度对应着南北回归线，极圈和南北回归线字数相加可以得出90度。

就没有其他的常住人口了。因此北极也被很多国家所分割，一些海军基地就在北极圈之内，这些在南极根本就不会出现。

不过南极也有着北极没有的企鹅，虽然据说北极也有企鹅，但是现在谁也没有看见。

南极的冰山比北极的大，而且含冰量也高。在南极不会有学校，北极却是有着学校和幼儿园。可以说南极就是一片孤岛，没有什么污染，北极却不同，因为人类的生存，北极已经开始被逐渐污染了。北极一些煤矿石油不断地被开采，虽然南极也有这些矿产资源，但在国际上却是不被允许开发的。

南极被称为孤岛，南极上没有树木等高大的植物，而在北极不单单有着草原，还有着许许多多的森林。

因此，仔细地去看南极和北极，它们之间的差别还是非常大的。

❖ 企鹅塑像

第三章 人迹罕至的极地

091

Part3 第三章

南极宝藏

人们对南极从来没有进行过开发，在南极大陆的下面究竟埋藏着些什么？是黄金还是不为人知的城市？让我们来看看，在南极地下，到底有些什么？

说到矿产，估计很多人会想起煤炭，要知道煤炭可是一种不可再生的能源，很多个国家都在寻找这种资源。不过对于南极之下的矿产资源人们了解的并不太清楚。

原因有很多，南极大陆有着广阔的地域，是世界第五大大陆。在那上面还有着几千米厚的冰层，再加上复杂的自然环境，人们根本就不能很好地去探查在南极大陆究竟有着什么样的矿产。

通过长时间断断续续的考察成果来看，在南极发现的矿产还是不少的。比如，美国人就已经按照矿产分布情况，把南极大陆分成了三个矿区。安第斯多金属成矿区：主要为铜、铂、金、银、铬、镍、钴等矿产；横贯南极山脉多金属成矿区：有铜、铅、锌、金、银、锡等矿产；东南极铁矿成矿区：除大量铁矿外，尚有铜、铂等有色金属，并发现金伯利岩。

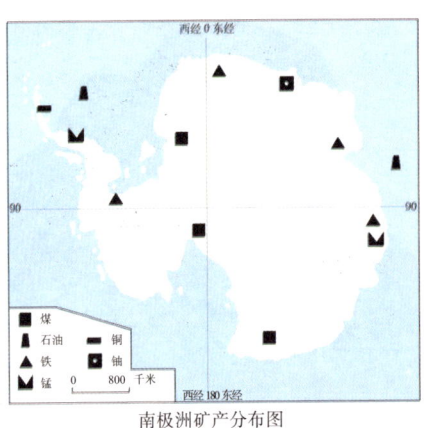

不过，想要在南极大陆开采这些矿藏，难度是相当大的。单单说探测矿产的难度就已经很大了，想要开采

南极洲矿产分布图

这些矿藏就可想而知了。不过因为很多大陆的矿产资源都在减少，这就不得不让一些国家把目光转向了海洋、南极洲或者是北极。人们现在最担心的就是，如果开采会对环境造成什么样的影响呢？科技总是在进步，或许将来有一天这些问题都会迎刃而解，但至少目前哪怕是有人把主意打向南极大陆，现在也不能开采，因为国际社会禁止人们去开发南极，主要还是担心环境问题。

❖ 企鹅

在 1966 年，前苏联的地质学家发现了在南极大陆的查尔斯王子山脉南部的鲁克尔山北部有着一片很大的铁矿。1977 年美国也在南极大陆的鲁克尔山西部的冰盖下发现了一片包藏着铁矿石的矿产。因此，对于世界来说，南极大陆下面藏着的铁矿并不是少量，有一些科学家甚至说南极下面埋藏的铁矿足够全世界各个国家开发使用两百余年。

当然，各个国家对于南极大陆下面的铁矿这么感兴趣也是有原因的。尽管世界上已经查明的铁矿蕴藏量很多，但是开发出来的富铁矿却不是那么令人乐观。因为工业不断发展，对于铁矿的需求量也是与日俱增，因此在找不

❖ 冰山

第三章 人迹罕至的极地

奥秘探索大百科

知识小链接

1959年签订的《南极条约》就规定了在南极洲要保持和平，每个国家都有科考的自由，而且禁止了南极洲领土所有权的主张，同时后面的几个条约也考虑到对南极洲的保护，禁止开发南极洲。

到铁矿的情况下，许多的科学家把目光转向了南极大陆。

在南极大陆下面最富有的矿产资源就是铁矿，不断地发现和探查都已经证明了这一点。南极大陆的铁矿让每一个人都为之震惊。但是由于国际上目前并不允许开发南极洲，这些铁矿只能等到将来才能去开采了。

煤作为一种很重要的不可再生资源，让每一个国家都很是重视，而南极洲有着世界上最大的煤田，可想而知现在有多少国家把目光放在了南极洲。

早在很久以前，就有一些在南极的探险家发现，在一些露岩区有着煤矿，也经常有探险家利用这些煤取暖做饭。

随着科技的发展，科学家通过一些探测，同时结合在南极大陆上可以看到许多裸露的煤层，从而判断出更多的煤矿都埋藏在南极横贯山脉沿罗斯海海岸的一段，还有西南极洲的埃尔斯沃思山区之中。

根据一些人的计算，在南极大陆埋藏的煤矿差不多有5000亿吨，甚至还远远不止。可以说，南极大陆留给我们人类的财富真的是太多了，不过为了保护南极大陆的环境，对于它的开发确实是一个慎之又慎的事情。

❖ 海豹

Part3 第三章

不会**降雨**的南极

第三章 人迹罕至的极地

很多人会觉得南极一定时常下着雨、飘着鹅毛般的大雪。真正的南极却是地球上最为干燥的一片大陆。可能你会觉得很不可思议，明明在南极周围都是海水，而且总是被冰雪覆盖住，怎么能算得上是世界上最干燥的大陆呢？

很多时候，我们想起干燥都会想到塔克拉玛干沙漠或者是撒哈拉沙漠，但是南极大陆上的干燥和这些地方是不一样的。南极的干燥是因为太冷了，所以降雨量只有区区 50 毫米左右。而且随着越来越深入南极大陆的内部，降雨量随之也越来越少。

尽管在南极大陆的边缘由于有着冷暖气流的交汇，那些地方还是会有着一些降雨，但是这些降雨气流却是始终无法深入到南极大陆的内部。

❖ 南极冰川

095

奥秘探索大百科

知识小链接

通常我们所说的沙漠都是指那些被沙子覆盖的地方，在那里缺少植被和水源，很少会有降水，而且空气干燥。南极大陆尽管没有沙子，但是干燥的空气和水源的缺少，让南极大陆也有了"白色沙漠"的称号。

这是因为在南极大陆的上空有着一些高压冷气团在控制着，而这些冷空气都是无比干燥的。毕竟都是暖气流带着水蒸气，而这些暖气流一般从海上想要进入南极大陆的时候，就会被南极大陆上空的冷气团给拦截下来，因此在南极大陆的降水是极少的。

因为南极太冷了，降下来的雨水其实都是一些冰粒和雪花。

很多第一次去南极大陆进行考察的人，都不适应南极的气候，因为南极的空气很干燥，甚至会把人们的嘴唇冻得开裂。也是由于这个原因，南极成为了人们口中的沙漠，只不过它的颜色是白色的。

当然不要以为在南极大陆就不会发生火灾，因为南极大陆干燥，经常会因为一点小小的火星就会燃起一场大规模的火灾。比如，澳大利亚在南极驻扎的一个科考站就曾经遭遇了一场大火。有了这个前车之鉴，所有在南极的科考队员都知道要注意防火。南极的干燥让南极大陆缺少水源，发生火灾以后根本就没有办法去救火。

❖ 南极冰川

Part3 第三章

南极大陆的水

第三章 人迹罕至的极地

> 在南极大陆到底有没有河流、湖泊，有没有可以直接饮用的淡水？如果有，它们又会在哪些地方呢？

在南极大陆上确确实实有着一些河流，不过最深的河流也只能漫过膝盖，这条河流就是位于东南极洲怀特岩的奥尼克斯河。这是由于南极大陆在极昼的时候，阳光给这片大陆上的冰层带来了一些热量，让一些在南极大陆沿岸的冰雪开始融化，然后这些水流汇成一条又一条的河流。

不过等到南极的极昼过去，迎来南半球冬季的时候，这些河流就会消失。在南极这片大陆上有着许多的湖泊，有淡水湖也有咸水湖。淡水湖基本上分布在南极大陆的边缘，因为在那些地方才时常有着降水，而且是西南方向的淡水湖要多过东南方向的淡水湖，这就得益于南极洲的西风环流。

人们的饮用水是淡水，所以淡水湖对于在南极大陆上科考的人员是至关重要的，甚至在选择南极科考站地址的时候都要首先

◆ 南极冰河

奥秘探索大百科

考虑到淡水湖的位置。比如说我们中国的长城站和中山站都选择在淡水湖旁边，因为淡水湖可以满足人们对于生活用水的需求。

很多国家的科考站都是建在南极大陆的内部。由于在南极大陆的内部没有淡水，只能依靠融化冰雪或者是把咸水淡化，对于经济上来说要知道这是一笔很大的开支，而且并不是很方便。

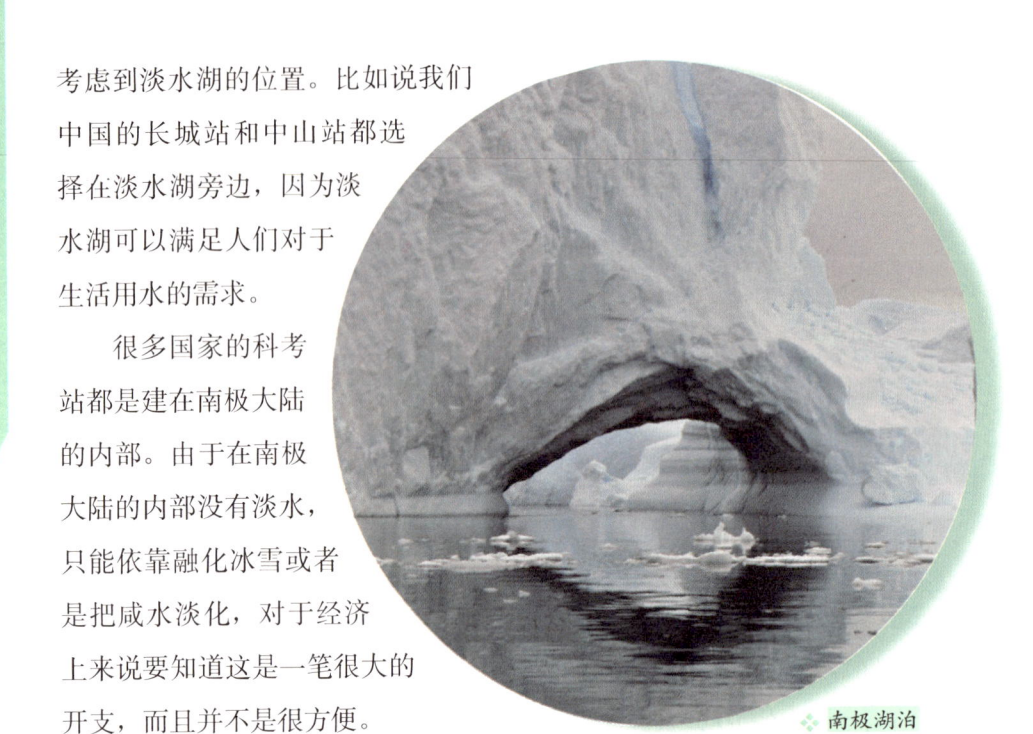

❖ 南极湖泊

在中国的长城站周围有着三个淡水湖，都是属于水质良好、水源充足的淡水湖。因此不得不说有很多的南极内部的科考站，都羡慕中国有这么得天独厚的条件的。

在南极大陆上，咸水湖是到处可见的，最有名的是唐胡安湖，由于它的高盐度，所以在零下 70℃的时候都不会结冰。在南极大陆上还有一种其他大陆没有的咸水湖，最有代表性的就是地处维多利亚地赖特谷中的范达湖和泰

❖ 南极冰河

> **知识小链接**
>
> 我们平时饮用的水都属于淡水，尽管我们的地球是一个被水包围着的星球，但是淡水的储存量却是很少的，因为大多数淡水都是以冰川的形式存在，所以对于保护水资源和合理利用淡水，是当前最重要的问题。

勒谷的邦尼湖，上面是淡水，下面却是咸水。因此在水面上总是结着一层两米多厚的冰层，而冰下的湖水却是十分清澈，越向下湖水盐度越大，几乎是层次分明，而且温度也是在不断地升高，上面或许是零下 20℃，最下面却可以达到零上 20℃，科学家到现在为止都没有弄明白为什么会出现这种现象。

1994 年，一个俄罗斯的科学家用地震探测仪和一系列的工具发现了在南极大陆之下还有着一个冰下湖，也就是东方湖。这个湖泊被科学家用机器探测出来之后，发现它有着广阔的面积，但却在 3800 米之下。

这也显露了在南极冰盖的下面，还有一些不为人知的湖泊，尽管上面有千年厚重的冰雪，但确实存在着一些与世隔绝的冰下湖，这是南极大陆独有的。

这个冰下湖会有着什么样的生物呢？它的成分究竟是怎么样的呢？这些都引起了很多科学家的遐想。俄罗斯的工作人员打了三千多米深的钻洞后却

❖ 南极冰层下的水

奥秘探索大百科

不再向下打了，因为怕会污染到下面的湖水，现在只能通过一些设备来确定下面的构造。

美国的科学家说，东方湖可以作为木星卫星的一个模拟实验室，当然这也只是一个提议。或许等到科技发达了，采用航天技术，诸如火星探路者机器人，自己钻透三千多米厚的冰盖然后去采集湖水回来分析，才能知道结果。不过解开冰下湖的秘密确实是指日可待的，我们相信有朝一日定然会被解开的。

❖ 南极冰层下的水

Part3 第三章

海冰狂灾

第三章 人迹罕至的极地

在南极大陆的四周有着许多的危险。大家都知道的"泰坦尼克号"正是因为撞上了来自北极的冰山而导致了这艘举世闻名的游轮的沉没，而南极大陆附近的海冰却是有过之而无不及。

南极大陆周围的海冰比北极的冰山要大得多，甚至有一些可以称之为冰岛。这些冰块跟着风的力量和洋流的作用不断地移动，它的速度取决于自身的质量和洋流的速度。

在南北极还有一种海冰，被人们称为封海冰。这种海冰通常是和大陆相互连接在一起的，所以封海冰的面积是很大的。而南极洲大陆长年都被封海冰封锁着。

不过封海冰也会

破冰船

奥秘探索大百科

知识小链接

海冰其实就是属于一种淡水冰晶和盐水的混合体，但是大多数海冰都是咸的。它会随着海面而升降起伏，连绵不断长达好几千米。在融化的过程中会引起海况的变化，也会影响到一些船只的航行和海上建筑物的安危。

破碎，它破碎以后就会随着洋流向着其他地方漂流。因此也有很多去南北极科考的科学家对此进行考察，想从这些海冰上找出关于极地的一些奥秘。

这样的研究虽然没有直接去极地那么危险，但还是有着一些悲剧出现。一些航海船就是被这些封海冰围困住，导致无法返回大陆。在1912年的时候就发生过这样的事情，有一艘从德国开出的航海船，在北极被封海冰围困，用了两年多的时间才从北冰洋漂流出来，这个时候船只已经被冻坏，生还的也仅仅只有两个人。

封海冰有着它的危害，而漂浮的海冰也有着它的威胁。在1969年的时候，中国在渤海被冰封的时候曾经就发生过海冰撞击事件，当时一块并不是很大的海冰，直接就把一个重达500吨的石油钻井平台给割断了。

海冰虽然有着危险，自然也有着克制海冰的办法。人们一般都是利用煤灰，通过太阳的辐射把海冰给融化掉，但是这个办法见效比较缓慢；快一点的办法就是利用炸药，直接爆破海冰。

浮冰

Part3 第三章

南极大陆上的暖水湖

第三章 人迹罕至的极地

南极大陆是一片白茫茫的、被冰雪覆盖着的大陆。或许从来没有人会想到在南极大陆上，还存在着一个27℃左右的暖水湖。

1973年的时候，美国的航天卫星很偶然地发现了一个人们从来没有见到过的湖泊，这个湖泊就是位于大西洋南部南极洲沿海的威德尔海，由于它一般都出现在冬季，因此忽隐忽现的很难被发现。

科学家深入考察发现，这个有着68.6米深的湖底部，水温竟然高达27摄氏度！这让很多科学家惊奇不已，这个湖泊就是范达湖。因此新西兰很快就派出科考人员，建立了"范达考察站"，而这个湖也因此而得名。

其实早在1960年的时候，就已经有人到达了这里，通过一系列的测量，发现其表面的水温只有零摄氏度左右。

暖水湖

奥秘探索大百科

知识小链接

其实在范达湖的旁边还有着一个小湖,那就是汤潘池,但是它的盐度丝毫不亚于范达湖,把湖水泼到地面就会出现一层薄薄的盐层。但是它在零下五十多摄氏度的气温下都不会结冰,因此科学家都在猜想它和范达湖是否有着什么联系。

随着时间的推移,1973年科学家对范达湖进行了彻底的考察,发现湖底的水温虽然很暖,但是湖底的岩石却是一片冰冷。这一发现吸引了许许多多的人。

范达湖湖水的温度是随着深度递增的,人们发现在4米厚的冰层下是零摄氏度左右,而到了15～16米深的地方时升到了7.7摄氏度,而再往下水温就逐渐升高,水温一度都能接近东海地区夏季表面海水的温度。并且范达湖也有着它更为独特的地方,那就是它上面的湖水是淡水,而下面是咸水。很少有浮游生物,因为它的含氧量和氯化钙的含量都超过了海水的10倍以上。这也吸引了许许多多的科学家来这里探查。

我们知道在这片南极大陆上,基本上都是零摄氏度,根本就没有任何的温泉和热源,那么这个暖水湖中如此温暖的湖水又是从哪里来的呢?为此科学家有着不同的猜想,但是始终没有一个完整的答案。随着时间的推移,科技不断地发展,今后的科学家或许能够找到答案。

这就是南极,一片充满着神秘的大陆,但是终究有一天人们会把这片大陆的奥秘都给探索出来。

◆ 暖水湖

第四章
令人恐惧的怪兽

我们有时候会听到各种消息说,在哪里发现了外星人或者是野人,也有着无数的爱好者为此不辞辛苦地奔波,也有人亲眼目睹了野人的出没,甚至有些人看见的是令人惊恐不已的怪兽。到底这一切是否真实,科学家又是否真的发现了它们呢?让我们来认识一下令人恐惧的怪兽到底是什么吧!

奥秘探索大百科

Part4 第四章
神农架的**传闻**

在中国的神农架这片茂密的森林之中，有着许许多多关于野人的传说，而且在每个朝代的地方史志里面都有着关于野人的记载。这些记载就构成了关于神农架的传闻——野人出没，那么在神农架到底有没有野人呢？

其实关于神农架野人的传说确确实实传了许多年，而近几十年来据说见到野人的人也不少，有农民、林业工人、医生、教师，以及地方行政官员。很多人在森林中，在箭竹丛，在峡谷中的小溪边，在高山的公路旁，甚至在农舍的附近都见到过野人的出没。当时没有传出这个消息的原因，是因为那个年代人们对于生物知识认知缺乏，所以并不知道他是什么东西，或许当时只是单纯的害怕。随着时间的变迁，后来有几个地方的领导在神农架林区椿树垭附近地带考察的时候，突然就出现

神农架

106

了一种"红毛怪物",这才引起了当地政府的重视。

国家很快就派出了考察队深入到神农架地区去考察是否有野人。这时才发现还真的有很多人见到过野人的出现,其中就有一个曾经在三十多年前看见有一支军队深入到神农架地区,最后从神农架地区带回了两个野人,一公一母,全身上下都长满了红毛,它们被铁链锁着带走。好奇心促使了这个人仔细去观察野人到底长什么样子。头比正常人类要大,脸也要长很多,全身上下都是红毛。有些人拿着玉米给野人,野人还会伸手接过玉米吃。更为特别的是,这些野人都是用两条腿走路的。

还有一个老人家也出来证实说神农架有野人,因为他曾经就和野人遭遇过,甚至还和野人打了一架。他的观察更为仔细,说在野人的胸前有着一个月亮疤,这个疤像一个圆镜,上面有毛,比其他地方的毛短一些,稀一些,疤的周围是白

❖ 神农架

❖ 神农架

第四章 令人恐惧的怪兽

107

奥秘探索大百科

> **知识小链接**
>
> 神农架林区位于我国湖北省西部，这里有着茂密的自然森林，也是我国国家级森林和野生动物的自然保护区。传闻在茂密的神农架林区有野人的出没，一度还引起当地人民的惊慌和国家相关工作人员的调查。

色毛。

这个传说流传了很久，很多人都说在野人身上有着月亮疤，杀野人就要刺破对方的月亮疤。

还有很多人目睹过野人在夜深人静的时候哭泣，还有一些野人会拍手，似乎在传递着一些信息。

专家还特地去寻找了历史上有着一些记载的文献，比如说屈原的《九歌·山鬼》就有"若有人兮山之阿，被薜荔兮带女萝。既含睇兮又宜笑，子慕予兮善窈窕。"专家从这里考证，是否在当时的楚国，神农架就有着野人的出没？神农架距离当时的楚国并没有多远的距离，很可能当时山鬼就是指神农架野人。

很快专家又深入到神农架的内部去查探，比如说神农架的核心地带，神农架丛林密布，有好几百平方千米，在这个地方不会有人类的足迹，而且又有如此多的悬崖峭壁和山洞，如果要是真的有野人存在的话，这里完完全全可以说是野人的天堂。

野外考察人员花费两年时间，针对神农架周围做了细致的考察，搜罗了许许多多有关神农架野人的资料，通过一系列的分析，得出了野人是确确实实存在的结论。

✿ 神农架

Part4 第四章

奇异的天蛾人

第四章 令人恐惧的怪兽

> 1967年的一天，在美国西弗吉尼亚州的一座大桥——"银桥"突然发生了断裂，这一次断裂造成了36人死亡，这一切的矛头都指向了一种叫作天蛾人的生物。

天蛾人有一个外号叫作黑天使，是一种不明的奇异生物，据说平时都是可以隐形的，而它们的克星就只有上帝之网。它们如果一旦隐身，那么就只有它们的同类才能够看见了。根据传闻所说雌性的天蛾人要比雄性的天蛾人强壮得多。

这一生物是当时在西弗吉尼亚州的一次事故中被发现的，不过在此后却是很少有过相关报道和出现。但是除了美国，在很多地方也有人发现过天蛾人的出没，即使是在中国，也有人说发现过天蛾人。

天蛾人古堡

奥秘探索大百科

天蛾人是一个小男孩在1926年最早发现的,也就是同一年有几个人在墓地盗墓的时候发现过这种棕色人形生物,这种人形生物有着翅膀,被看见的时候是飞过人们眼前的。尽管很多次类似的事件报道都没有什么联系,可是依旧有很多人说看到了天蛾人的出没,不过遗憾的是,至今都没有拍摄到天蛾人的照片。

从很多人的描述之中我们大概知道天蛾人的样子究竟是如何的,据说它们有着翅膀,可以飞翔,而且双眸是深红色,还能放出光芒。更为惊讶的一件事就是,天蛾人似乎都没有头,它们的眼睛是长在胸口上的。不过这些似乎都没有证据,因此科学家猜想这是一种对超自然现象判断的一种巧合而已。

可是在1966年到1967年之间却有着很多人看见了这种奇异的生物,从当时那些目击者的嘴里得到了天蛾人具体的形象,它们有着约2米左右的高度,有着和人一样的脚,在它们的头颅上是一双巨大明亮闪烁着丝丝光亮的眼睛,更为恐怖的是它们的皮毛竟然是灰褐色的,飞行的时

候有着"嗡嗡嗡"的翅膀震动的声音。

在1966年1967年那一段时间之中,不仅仅是在那座大桥事故中有人目睹到了天蛾人,而且当地的一个建筑承包商,在看电视的时候发现电视里面一片漆黑,紧接着有着很多古怪的东西突然出现,同时还伴随着一些很恐怖的哀鸣声。他感到非常奇怪,也就在这个时候他家的猎犬开始狂叫,这个商人决定出门看一看,结果就在他屋子外的干草仓库之中,看见了两只硕大的灯泡,再一仔细看过去,就如同一个人的眼睛一般,吓得这个商人逃离了现场。第二天早上起来,他家的猎犬竟奇异地消失了。这个建筑承包商也寻找过自己家的狗,却怎么都找不到了。没想到在两天后的新闻之中发现了一则消息,有人发现有一只很怪异的鸟儿从附近经过之后,发现了一只猎犬死在路边,很快这个承包商就意识到,或许这只猎犬就是自己家的。

还有人也在1966年的时候看见了这种奇异的天蛾人,他们是一对情侣,来到郊区的农场郊游,其实就在上面那个商人家附近。到了傍晚夜幕降临的时候,猛地就出现了一只有着大大双眼的人形生物,它有2米左右高,在它

第四章 令人恐惧的怪兽

奥秘探索大百科

知识小链接

在1966年见到天蛾人的一百多人没有一个活到现在,他们基本上都在半年之内自杀身亡,有少数人没有自杀,但是因为精神失常也失去了正常人应该有的理智,而这一件事情却是被美国国家安全局给设定为机密档案,当年的事情却是没有人能够知道,到底天蛾人有多么的恐怖。

的身后还有着一对翅膀。这对小情侣被吓得快速逃跑,然而就当他们到了马路上启动车子逃跑的时候,不经意回头一望,差点吓出魂来。没想到这种奇异的怪物竟然跟着他们,要知道这个时候车子的速度已经开到最大限度了。好不容易逃脱那怪物后,他们急忙报告了当地的警察,这个时候他们才知道,和他们一样,看见这个怪物的人并不是少数。不过到了现在,天蛾人出现的次数却越来越少。

Part4 第四章

蜥蜴一样的人形生物

第四章 令人恐惧的怪兽

达尔文曾经提出了关于生物的《进化论》，然而现在却是有一种生物在挑战着达尔文的学说，这就是所谓的"蜥蜴人之谜"。因为近些年来有人在沼泽地发现了所谓的蜥蜴人。但是根据达尔文的学说，蜥蜴是不可能演变进化成为人类的，因此这个问题引起了国际上很多生物学家的关注和重视，那么这种蜥蜴一样的人形生物又是怎么样的呢？

这个发现源自1988年，有一些传闻说在美国南卡罗来纳州比维市闻的沼泽地之中暗藏着一种怪物。这种怪物有两米多高，长着一双巨大的眼睛，最令人恶心的是，全身还长满了斑点，长的像蜥蜴又像人类，而且能够和我们人类一样直立行走，也如同电影中的大力士一样力大无比，能够轻易地掀起停在马路边的汽车。

※ 蜥蜴人

当然也有很多人想要抓住这些所谓的蜥蜴人，但是它们一到了水上就如同隐形一般，转眼就不见了。很多人都在猜测着它们的来历，或许大海就是它们一开始的家吧。

不过蜥蜴人的传闻并不是空穴来风，有人确实宣称在美国见到了这种蜥蜴人，和之

113

奥秘探索大百科

知识小链接

对于蜥蜴人的来源，科学家有着很多样的猜测，有说是从海底世界而来，也有人说就是从沼泽之中进化而来的。但是也有着一些科学家从另外一个角度论证，这些蜥蜴人或许是一些外星生物，它们在有人类之前就到达了地球，从而在地球上繁殖。各种说法都有，似乎要找到真正的答案还要等待科技的进步。

前别人见到的蜥蜴人一样，只是这一次更为清晰，看见了蜥蜴人有着绿色的斑点，还有一条长长的尾巴，尾巴的末端看起来就像一支针筒一样。

在另外一个地区，也有人看见过这种蜥蜴人，这一次却是观察到对方的皮肤上有着绿色的鳞状物，有着三个脚指头，而其他的，却是和之前所说的没有两样。

甚至有一个人不是远远地看见蜥蜴人，而是近距离的和这蜥蜴人碰面，经历了一次凶多吉少的回忆。这个小伙子当时才17岁，他那个时候是骑着一辆摩托车停在了沼泽地的旁边，就在刚刚更换好车子轮胎的时候，蜥蜴人突然就出现在了他的身前，顿时他被吓得骑上摩托车就跑。然而蜥蜴人却是始终追逐着他。他甚至连蜥蜴人的样子都看得清清楚楚，又黑又粗而且还有很长的手指，粗糙的绿色的皮肤，蜥蜴人最后差一点点就追上了他。

◆ 蜥蜴人

发生了这么多次的蜥蜴人目击事件之后，也有当地政府的警察介入到了调查之中，他们很快就发现了一些脚印，大约有40厘米左右，很是清晰，因此将这件事很快就上报了。许许多多的专家赶往了这个地区，蜥蜴

人的名字也是这些科学家取的。同时在南卡罗来纳的一家电台甚至愿意出100万美金来悬赏一名勇士抓获一只蜥蜴怪兽。但到如今，这些蜥蜴人还没有人能抓得到。

　　这件事情引起的轰动和反响却是波及全世界的，有着许多人提出了自己的看法，更多则是在向达尔文学说进行挑战。因为毕竟在我们人类自身的起源进化过程里面，还是有着一些"缺失的地方"，或者说是"空白区"，因此很多东西我们现在并不能知道。有可能蜥蜴人会是我们人类的远亲，说不定就是在远古时形成的一个种族，当然这些现在还不能得出一个很好的结论，不过想必随着科学的发展，人们对于蜥蜴人的研究也会进一步完善。

奥秘探索大百科

Part4 第四章

新泽西州的**魔怪**

这是一个很恐怖的怪物，有着神秘的容貌，如同一只巨型的蝙蝠，但是却有着狗一样的头，长长的脖子，如同马一样的脸。它的翅膀有60多厘米长，能够飞翔，但是平时是用自己的双脚走路。它的双脚和马蹄一样，走起路来带爪的双手会蜷缩在身体的两旁。这就是出没在新泽西州的一种怪物，常常通过袭击家畜来获得食物，它的叫声如同狗吠。这个怪物的来历也是一个传说。

这个传说说的是在18世纪的时候，有一个人叫作李兹夫人生了13个孩子，生下了第十三个孩子的时候，因为长时间的怀孕已经让她很厌倦了，于是有一天向着上帝祷告说："我已经厌倦了小孩子，让恶魔带走他吧。"然后奇特的事情就在这一瞬间发生了，刚刚生下来的婴儿在一瞬间变成了一个有翅膀的怪物，无情冷血地吃掉了

第四章 令人恐惧的怪兽

其他的孩子后就从屋顶的烟囱飞了出去。

目击的人纷纷说出了自己看见的魔怪的样子，它能够飞翔，而且是有着蹄子的怪物，身体有一米多长，全身上下都是黑黑的毛发，脸如同马匹，双眼呈现着一种怪异的深红色，还有蝙蝠般的翅膀。

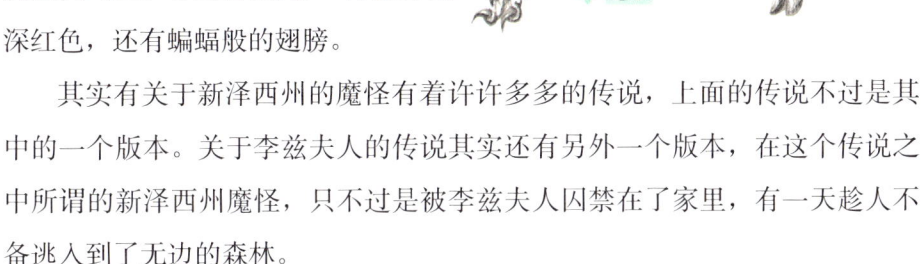

❖ 魔怪

其实有关于新泽西州的魔怪有着许许多多的传说，上面的传说不过是其中的一个版本。关于李兹夫人的传说其实还有另外一个版本，在这个传说之中所谓的新泽西州魔怪，只不过是被李兹夫人囚禁在了家里，有一天趁人不备逃入到了无边的森林。

而另外的一个传说是和吉普赛人有关的。传说当年的新泽西州有一个自私的女人，她没有给吉普赛人提供食宿，因此她就遭受到了吉普赛人的诅咒，成为一只魔怪。当然还有一个传说是李兹夫人或许就是个女巫。也有一个传说说是李兹夫人因为和一个士兵发生了一些暧昧的情感，被当地的村民给诅咒了。

不过这些传说都说的有模有样的，甚至提到了新泽西州魔怪发源地是一个小木屋，而且现在也能够找到这个木屋的所在地，只不过现在的木屋所在地只剩下了一片废墟。

还有人说新泽西州魔怪还有着一些同伙，这些同伙是一些没有脑袋的海盗和一些女鬼，还有深海之中的人鱼。很多人还指出了新泽西州魔怪居住在一个除叶剂厂里。

当然还有一个传说也是关于新泽西州魔怪的，说的是当地的一个居民第一次怀胎，对这个孩子有着很多的期待，期待着孩子能够好好的，是完美的。

奥秘探索大百科

但是孩子出生以后却是很多人这辈子见过的最丑陋的孩子，顿时这个母亲就狂吼道："这个不是我的孩子！这是恶魔！是一个恶魔！"就把孩子丢到了河里，一个刚刚出生的孩子怎么能够经得起这样的摧残呢？当场孩子就死了。之后就有着传说，说这一条河被恶魔占据着，只要人类从这里经过，就会被拖入到河中淹死，而且只有到死了之后尸体才会出现。

> **知识小链接**
>
> 其实关于新泽西州魔怪的传说有着许许多多，人们很难去分辨，再加上年代久远也难以考察是否这一些传说的真实程度，但是似乎很多人都目击了这一切，只能说新泽西州魔怪隐藏在我们看不见的地方，或许有一天我们还会再一次看见它。

当然这些都是传说，不过确确实实在1940年的时候，在新泽西州有一些牲畜被屠杀，当时有人说这可能就是新泽西州魔怪做的。在之后几年，甚至有人发现了新泽西州魔怪的足迹和它的尖叫声，此后新泽西州魔怪的身影层出不穷。

还有一次，法国国王拿破仑的哥哥在新泽西州打猎的时候发现过新泽西州魔怪。当时毫无畏惧的拿破仑的哥哥带着士兵向着新泽西州魔怪射击，然而却是没有任何作用，魔怪依旧是继续飞行，顿时间就吓坏了众人。不过随着时间的推移，现在很少听说有新泽西州魔怪出没了。

Part4 第四章

魔龙的出没

第四章 令人恐惧的怪兽

> 在澳大利亚茂密的雨林之中隐匿着一种可能绝种的古蜥蜴，但是很多科学家都推断这种古蜥蜴或许并没有绝种，很可能会重新出现。然而这种蜥蜴又有什么独特的地方呢？

其实这是一种巨型的蜥蜴，它的身长足足有12米左右。而且这种蜥蜴的体型比科莫多巨蜥还要巨大。而且最令人恐慌的一件事情就是这种来自高山的巨型蜥蜴竟然是食肉的。

很多科学家都在澳大利亚的雨林之中发现过这种巨型蜥蜴的痕迹，一个农夫还在农场之中发现了一具它的骨骼，而这具骨骼被断定有300年的历史，这也就说明了这些年来，这个地区的目击事件或许都和这种巨型蜥蜴有关系。

通过研究，科学家发现这种巨型蜥蜴灭亡的时间和当地居民到达澳大利亚的时间来计算，或许这种古蜥蜴真的存在于我们的世界。2008年时，曾经发生过一次登山者失踪事件，但是在地上却留下了他的摄像机、手表还有鞋子，最重要的是在那周围竟然出现了一些不明动物的足迹。

无独有偶的事情也发生在2007年，当时有一个

❖ 魔龙

119

奥秘探索大百科

知识小链接

这是一种古巨蜥,在历史文献中它是最大型的蜥蜴。近些年代时常出现在澳洲茂密的雨林之中,有着食肉的习性,因此又被称为澳洲魔龙,引发了村民们的恐慌和探索者的好奇。

热爱户外运动的男子,想要深入到澳大利亚的雨林之中。这是一档户外节目,就是考验他的野外生存能力。

尽管他有着丰富的野外生存能力,但是澳大利亚的热带雨林内蕴藏的危机却是他不曾遇见过的,他失踪了,至今他的尸体都没有被找到,只不过在一个村庄外面发现了他的摄像设备,在设备的上面人们发现了一些唾液,通过DNA检测,只能检查出这种唾液并不是任何已经知道的动物的唾液。那么到底是什么样的动物呢?难道真的有着这样一种怪兽?

很快人们打开了男子留下来的摄像设备,幸好这个设备没有被损坏。一开始他的生活似乎很是平静,展示自己吃过的食物,生火,布置营地,但是到了晚上似乎有着什么东西在骚扰他,他被这种奇异的生物给咬伤了。第二天的时候似乎就出现了败血症的现象,后来他开始试图寻找村庄,然而到了最后,似乎那个东西一直都在靠近他,而他也因为没有了体力,开始放弃了希望。在说完最后遗言的时候,怪物最后一次袭击了他。人们看着视频之中的他被怪物向后面拖着,不断地挣扎,有着一种说不出来的惊恐。

这些都已经证明了有一种奇异的生物生活在澳大利亚的雨林之中,但是究竟是什么,却无从知晓。

❖ 魔龙

Part4 第四章

在多佛尔的**大头怪**

第四章 令人恐惧的怪兽

这种怪物有着外星人才会有的西瓜般的大脑袋，而它的身体却是和一个瘦长的猴子一样。在它的脑袋上有着非常大的眼窝，眼窝之内有着发光发亮的眼睛。至于其他的面部特征却并不是很明显，没有高大的个子，甚至身高没有超过120厘米。有着光光的，但却锃亮的皮肤。这就是传说中在多佛尔出现的大头怪。

这是1977年的一天，有4个青年分别在一天里的不同时间看见了这种生物，这是种和外星人差不多，但是又是那么诡异的生物，目击者告诉人们这只怪兽的发现地就是在多佛尔。瞬间多佛尔这个波士顿的小郊区，成为了举世瞩目的焦点，

❖ 佛尔

121

奥秘探索大百科

知识小链接

其实并没有太多的资料供人们查看，因为这个怪物仅仅出现了一次，如果没有那么多人看见它，或许不会把它当作一次真实的目击。正是因为有人看见了它的存在，所以这个怪兽才是那么的神秘莫测。

无数的科学家都把目光投向了这里。

科学家开始深入地分析关于出现在多佛尔的大头怪，但是却总是众说纷纭。有的专家认为这是外星人乘坐飞碟来到了地球；而有的专家却说这是动物的基因突变；还有一些动物学家也开始形容这些事情，认为这是一只幼年的驼鹿。但是这些推理都有着一些漏洞。一个专门从事生物学的科学家说驼鹿的体型已经远远超过了大家目击到的多佛尔大头怪，而且要知道在那阵子驼鹿并不生活在多佛尔啊。

也就是因为这个推论，百姓也开始不相信这些专家所说的了，尽管没有抓到这种大头怪，但是还是有着很多的百姓期待着有朝一日能够发现这些怪物的真面目。

Part4 第四章

雷兽的威名

第四章 令人恐惧的怪兽

> 1965年的一天,在云南的高黎贡山旁的一个小村庄发生了一件事情,一个村民的三头肥猪在一夜之间消失不见,这打破了这个中缅边境小村庄的宁静。因为传说是雷兽来到了村子里作怪。

其实关于雷兽的传闻在这个地方已经有了许久,很多村民都能够描述出它的样子:全身都散发着金光,仿佛全身都贴着金片一般,长得很像马,但是身子却比马矮小了许多,在额头上还有着一个独角,它叫喊的声音就和猫头鹰差不多。更独特的是,它的嘴里还长着两颗獠牙,看起来是那么恐怖。

这个时候村民们并不是特别畏惧这种雷兽,而是很快就做出了反应,第一时间封锁住了村子里的道路,决定无论如何都要把猪给找回来。

时间很快就到了晚上,由于之前已经有雷兽到过村子里了,所以村民们自发地开始在村子里巡逻。这个村子只有不到400人,住的地方都很分散,走一圈也需要许多时间。

而这一天恰好是乌云密布,天空上没有任何的光亮,巡逻的村民们都小心翼翼走着,心里直发毛,害怕不知道什么时候就会遇上这种怪物。

❖ 雷兽会在有雷电的时候出现

123

奥秘探索大百科

知识小链接

很多人认为发源于云南高黎贡山的雷兽或许并不是什么怪异的生物，或许仅仅只是一种毛色变异的野猪或犀牛而已，并没有那么神奇，但是由于只是发现了一次，没有更多证据去证明这到底是什么生物。

然而怕什么就来什么，到了后半夜的时候，所有的人都已经精疲力尽了，这个时候猛地从黑暗里冲出了一个金光闪闪的怪物，一时间村民们吓得向四处躲开。听着声音似乎是什么猛兽在狂奔，一下子这个猛兽就冲了出来，重重地撞在了一个小伙子的身上，小伙子当场就给撞倒在地，鲜血从被怪物獠牙豁中的伤口中不断地流出，肠子从肚子里冒了出来。

很快就有人意识到，这是雷兽。这只雷兽看见自己捕获到了猎物，顿时就准备饱餐一顿。而村民们怎么会让雷兽如此放肆，开枪击中了雷兽，雷兽应声倒地，死了。村民们赶紧把受伤的伙伴送到医院，由于伤者伤口太大，送来的时间也不及时，没有能抢救回来。

等到早晨，村子里的人都来围观这个怪物，他们都认为怪物就是雷兽。很快，这只雷兽就被剥皮卖掉了，而所得的钱就给了之前死去的那个人的家里。但是这件事情并没有就这样平息下去，而是一直流传下来了。因为这种雷兽到底是什么生物，直到现在都没有定论，或许待到以后继续地探索发现，我们才能够了解更多。

❖ 雷兽会在有雷电的时候出现

Part4 第四章

美洲大脚怪

第四章 令人恐惧的怪兽

这是一种来自美洲的怪物，人们把它叫作"沙斯夸支"，时常在美国和加拿大附近出现，只不过并没有被证实。它的形体很大，类似于巨猿，是一种高大、毛多，而且还有点类似于人的生物。不过尽管神秘，但是关于它的消息近些年来还是有着不少。

北美洲曾经是印第安人的天下，但是那个时候就流传着有关大脚怪的故事，然而真正发现大脚怪的足迹却是在1811年的时候，有一个探险家在从加拿大翻过落基山脉到达美国的途中，惊讶地发现了原来还有着这种脚印。这是一串人形的脚印，很巨大，有着差不多600平方厘米的面积。不过，

❖ 猿人

奥秘探索大百科

这个探险家并没有见到这种怪物，这个脚印被他报道出来后，人们感到很惊讶，于是就用"大脚怪"来命名这种生物。

此后发现大脚怪的消息可以说是层出不穷，还有许多人都看见过这种大脚怪留下的脚印。不过却有很多科学家认为大脚怪是虚构出来的，并不真实存在，但是这么多的报道确实能够说明大脚怪的真实性。

即使有关大脚怪的报道非常多，也有七百多人说自己亲眼见到过大脚怪，还是有着相当一部分专家认为，大脚怪很可能是由误传而导致的。因为尽管有这么多的传闻，却没有人真正地拍下照片或者捕获到大脚怪。

用生物学的观点来说，就是大脚怪如此少见，说明数量很少，而极少的数量怎么能保证它们种群的繁殖和延续呢？当然很多科学家都是鼓励猜想的，不过证据也是很重要的一环，如果要真正解开大脚怪的奥秘，那么就必须真正捕获一只大脚怪，然后来进行一系列的研究，才能够找寻到真正的答案。

要知道大脚怪或许是存在的，因为地球上还有着许许多多的地方没有被人类开发，而生物是一个进化的过程，灭亡了的动物是不会出现的，那么大脚怪很可能是由什么生物进化而来的。但是有一些科学家提出了反对意见，因为在这些科学家看来这完全是一个极小的概率，要知道如果有一种动物和

人类共同生活了这么多年,还没有被发现,这简直就是一件不可能的事情。

在罗斯福很早出版的一本《荒野猎人》中却有过关于猎人遇见大脚怪的描述。这个猎人告诉罗斯福,当时他和同伴正在美国西北部的太平洋沿岸的山地抓一些水獭。到了晚上的时候,一股恶臭将他们从梦境中唤醒,当时就看见一个巨大的人形身影在门口晃悠,于是他就朝着这个身影开了一枪,不知道打没打中,但是那个怪物很快地逃到了森林里。紧接着第二天猎人就决定回去,他去取抓水獭放下的夹子,而同伴就把帐篷收拾好。但是等到猎人把水獭处理好回来的时候,令人惊讶的事情发生了,他的同伴已经死去了,脖子被扭断,四周有四个巨大的牙印,周围散落着凌乱的脚印,一眼看过去就知道是大脚怪做出来的。顿时恐惧就涌上了猎人的全身,什么都顾不上就跑了回去。当时他和罗斯福叙述的时候也是不断地哆嗦,回忆起这一切都令他感到恐惧,而罗斯福本身也不是一个轻信他人的人,他把这一切记载到他的书里,就足够说明这一切的真实性。

在1924年的时候,同样是在美洲西北部的太平洋沿岸,有一个伐木工去寻找一个已经废弃的金矿。就是在这一天夜里,他感觉自己似乎被什么东西抱起来了,等到自己彻底清醒的时候,这个伐木工发现自己身处一个山谷之中,这个时候让他震惊的事情发生了。四周都是一些身材高大的毛人,这

奥秘探索大百科

些毛人的身高有两米多，体重看起来有 270 千克左右，前面的手臂十分长，力气也是大得惊人。尽管这些毛人没有对这个伐木工进行伤害，但是他还是心惊胆战地同它们待了 6 天，直到找到一个机会才逃离了那个山谷。这一切在许多年之后才被公布，专家通过一系列的分析，发现这一切似乎并不是虚构的，而是真实存在的。

猿人

而随着时间的流逝，多少年也没有人真正发现这些大脚怪的足迹了，直到 1967 年，有一个美国人用摄像机拍下了这个珍贵的画面：一个人形巨兽蹲在河边，似乎在洗脸。这个美国人，当时正好路过这个地方，他的马匹看见了怪兽被惊吓，而且狂叫，直接后蹄站立了起来。这个美国人见到这样的怪物连忙拿出了随身携带的摄像机拍了下来，这个大脚怪向着森林慢慢走去，而且边走还边回头看着这个美国人。就是这一份弥足珍贵的录像带，给研究大脚怪提供了很好的资料。通过影像我们看见了这个大脚怪有着两米多的高度，一米长的肩宽，全身都是黑色的，用两只脚在直立地行走，行走的姿态和人差不多。

因此，就有许多科学家开始了各种各样的推测，说这种巨猿可能是一种在 800 万到 50 万年前生活的巨形类人猿，大概有着 2.5 至 3 米的身高和约 300 千克的体重。凭借着这份录像带，很多科学家断定这种巨猿并没有完全

128

知识小链接

大脚怪似乎就是一种古代巨猿的变种,但是却因为没有实际的样本以至于没有办法研究。依推断和历史来看,它们是真实存在的。要想揭开这层神秘的面纱可能还要等到将来。

地灭绝,而北美洲的大脚怪就应该是这种巨猿的变种。

当然,由于一直没有抓到真实存在的大脚怪,很多人还是对大脚怪的存在半信半疑。然而国际野生动植物保护协会的创始人却表示,这些大脚怪都是在人迹罕见的地方,基本上都是人类很难到达的地方,比如说过着石器时代生活的塔沙特人就生活在菲律宾丛林里,直到1971年才被发现,因此大脚怪到现在都没有被人们发现,也并不奇怪,重要的是随着时间的推移,总有一天这些神秘的生物会被揭开那层神秘的面纱。

第四章 令人恐惧的怪兽

Part4 第四章

湖怪惊魂

在我国新疆的北部有着一个美丽的湖泊,那就是著名的喀纳斯湖,在这里有着全世界都关注的一种怪物,那就是传说中的喀纳斯湖水怪。

最开始发现的时候是在1985年,当时的《新疆日报》的头版头条刊登出了一条让全世界都震惊的消息,这一则消息写着:"喀纳斯湖发现巨型大红鱼。鱼头宽度在一米以上,鱼体长约10~15米,体重超过4吨……"紧接着,在两年之后,一支声势庞大的科学考察队向着新疆的喀纳斯湖挺进,准备去寻找这种巨大的红头鱼。然而,到了那里,进行了为期两年的考察,似乎并没有任何的收获。但是就

喀纳斯湖

喀纳斯湖

第四章 令人恐惧的怪兽

知识小链接

哲罗鲑鱼的体型较为狭长，它的头部是扁平的，更为奇特的是在它的嘴里都是锋利的牙齿，一旦食物被它咬住，基本上是无法逃脱的。而喀纳斯湖水怪的巨型哲罗鲑鱼大概体重有着2~3吨，因此湖里的其他生物很容易被吃掉。

在他们快要离去的时候，他们发现了一群由三四十条大红鱼组成的声势浩大的鱼群，这里的每一条鱼约为三四米长。

根据这个线索，考察队紧接着又有一系列的发现，不久之后宣布了喀纳斯湖水怪真正的秘密，这种被称为湖怪的生物其实就是一种巨型哲罗鲑鱼。

巨型哲罗鲑鱼和大红鱼属于同一种生物，而哲罗鲑鱼是北方的珍稀冷水型的食肉鱼类，因此生性比起大红鱼凶猛许多。到了繁殖的季节它就会变成红褐色，所以也被人误认为它是大红鱼。

本来这一切都随着调查结果的出现，可以平息了。然而在2005年，有7名游客在喀纳斯湖旅游观光的时候，水面突然激起一米多高的浪花，然后出现了一前一后两个不明物体，长度有10米左右，向着湖心方向快速游去，湖面留下如快艇行驶般的水线。当时就有游客把这一切都给记录了下来。第二天，又有游客再一次看见这种水怪，原本在当地就有湖怪的传说，此后喀纳斯湖水怪再一次进入世人的眼帘。

喀纳斯湖

Part4 第四章

泰莱湖之中的**怪兽**

大家都知道陆地上生活过的最庞大的生物是恐龙,每一个见过恐龙骨骼复原化石的人都会被它那巨大的身体、奇怪的形状给震撼住,从而留下深刻的印象。

但恐龙的突然灭绝也让所有的人感觉到不可思议,于是在很多时候人们都会猜想,在这个地球上是不是还有恐龙在躲藏,是不是还有恐龙的后代。于是乎世界各地每次出现被人们发现的神秘动物,人们自然而然的就会把这些生物和恐龙联系到一起。

在非洲中部的刚果,那里有乌班吉河和桑加河两条河,在这中间有一个湖泊名叫泰莱湖。它的四周都是大片的热带雨林和沼泽,人迹罕至,许多地方根本无法通行。就在这里,人们发现了一种怪兽,很可能就是恐龙的后代。

这种怪兽是当地的土著俾格米人发现

的，他们把这种怪兽称为莫凯莱·姆奔贝，这是一种长得和蟒蛇、大象差不多的怪兽，有十几米长的身子，体重最少有10吨，长长的脖子和尾巴是它的特征，而且它走起路来有河马一样的脚印，但是这脚印可比河马的大多了。水里是它的乐园，也只有到晚上它才会出来活动一会。喜欢吃一些植物，因此当地的居民并没有感觉到恐慌。

❖ 泰莱湖

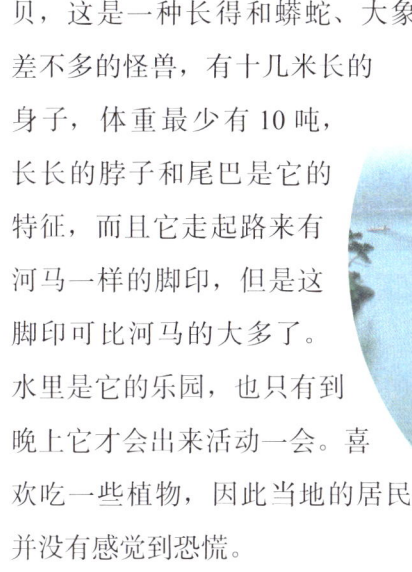

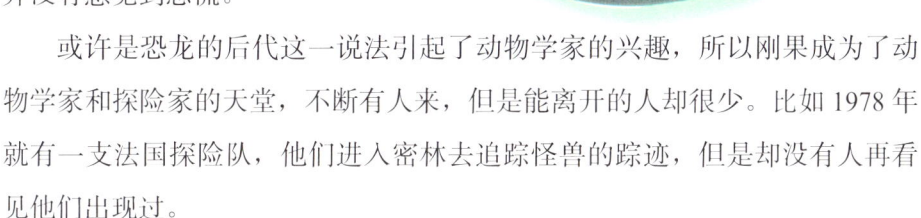

或许是恐龙的后代这一说法引起了动物学家的兴趣，所以刚果成为了动物学家和探险家的天堂，不断有人来，但是能离开的人却很少。比如1978年就有一支法国探险队，他们进入密林去追踪怪兽的踪迹，但是却没有人再看见他们出现过。

过了几年，美国芝加哥大学的生物学教授也来到这片地方，他们的运气似乎比较好，不仅深入到了密林之中，见到了目击过怪兽的土著人，从土著人的口中，他们还知道了有人在莫肯古依与班得各之间的利科瓦拉赫比勘探河中亲眼目睹了怪兽。而当时的水似乎比较浅，因此那个土著人看见了怪兽的全貌，这种怪兽有10米长，而且头顶还有着鸡冠一样的东西。

喀纳斯湖水怪

第四章 令人恐惧的怪兽

133

奥秘探索大百科

知识小链接

恐龙生活在距今大约2亿3500万至6500万年前,它曾经一度是大陆的霸主,关于恐龙灭绝的说法有着很多个版本,但是最权威的是由于行星撞击地球,导致了地球的烟尘遮蔽了太阳,让恐龙丧失了阳光和食物,从而导致了灭亡。

科考人员得知了这个消息很是惊喜,拿出了一开始准备的一些照片给居民辨认,等到看见雷龙的照片的时候,居民毫不犹豫地就说看见的是这种生物。随着考察进一步的深入,不断有脚印被他们探索出来。似乎是由于天气的问题,他们并没有亲眼见到这种生物,但是一切的证据都证明,在湖水里面是确确实实存在着这种怪兽的。

也就是这一次美国教授们的考察引起了刚果政府的注意。在1983年,由刚果政府组织的一支队伍深入到了泰莱湖畔,他们拍下了怪兽的照片,但是这些照片却作为机密保存着,直到20世纪90年代,刚果地区政局动荡,战乱频繁,关于泰莱湖畔怪兽的工作才终止。

至今还没有人能够找到这种怪兽的原貌,到底它是不是活恐龙,到现在也没有人能真正解答。

喀纳斯湖水怪

Part4 第四章

湖怪之谜

1978年时，日本鹿儿岛新宿市的池田湖出现了一个巨大的黑色的生物，紧接着浮出水面露出了两个像驼峰一样的脊背，驼峰露出水面有半米高，目测这个生物有30米的长度，在当时就有20多人同时目睹了这一个奇特的生物，人们还出动汽艇追赶，但是没有丝毫的结果。

当时目击者还把这个水怪绘制成了草图，成为当时的新闻、报纸、电视都争相报道的事件，很多人都来到这里寻找这种生物。当时的池田湖是一个圆形的火山口湖，虽然不是很大，但是却有200多米的深度。里面除了淡水鱼，还有着许许多多的大鳗鱼，虽然湖水的透明度很高，人们却始终没有办法找到这个怪物。这就是日本的湖怪"伊西"。

无独有偶，在美国的东海岸也发现了一种怪兽，叫作"切西"。这是在美国的首都华盛顿东面，从波特马克河河口伸向切萨皮克湾的海域里发现的

喀纳斯湖水怪

奥秘探索大百科

知识小链接

其实湖怪的出现不仅仅只是上面说的这些，而是很多地方都发现过湖怪的存在。因为湖水基本上都是封闭的存在，所以人们对于湖怪最大的疑惑就是它们到底是怎么生长的？

怪物，时间是在1978年的一个夏天，天气十分炎热，对于美国来说高温的时间已经持续了好几天。也就是在这个时候"切西"从水里冒了出来，这一只怪兽有着10米的长度，圆圆的后背，长长的脖子，脑袋却是很小。有时候人们可以同时发现3头这样的怪物，人们把情况上报到了中情局，中情局的特工开始调查的时候，幽灵般的湖怪却很快逃走了。此后再也没有发现湖怪的出没，留下的只有一些报道。

其实还有一些消息说在俄罗斯、印尼爪哇岛这些地方都发现过湖怪。但是人们却只是偶尔发现一两次，并不能经常看见，而且怎么都捕捉不到。很多人因为它们不露出水面而开始否定这种生物，认定爬行类的动物不能长时间地待在水里。

但是生物学家却提出了在这种生物的头上有着一个孔，那就是它的鼻子，它可以通过把脑袋稍稍露出水面的方式呼吸，人们也不会发现它的存在，所以湖怪之说还是有些真实性的。

当然发现湖怪的事例基本上都是发生在二三百米深的湖水里面的，结论并没有完整地得出。很多科学家都指出，这些湖怪很可能一直就是代代生活在这些湖泊里面。当然目击了这么多次已经可以确定这些不是人们的编造或者胡说。要寻找到真正的答案，还是要等待以后的发现。

第五章
神秘浩瀚的宇宙

星辰一直都是最为神秘的地方,从以前的神话里面,人们幻想出各种各样的故事去描写星辰,幻想上面住着一个神仙,还有嫦娥奔月的传说都表达了对星辰的探索。浩瀚的宇宙究竟有什么,会不会有和我们一样的生物呢?这些都是许多人想要弄清楚的问题,就让我们来看看,浩瀚的宇宙有多神秘吧!

Part5 第五章

宇宙的形成

随着科技的不断发展，人们渐渐地对地球事物有了许多了解，但是对于宇宙究竟是怎么形成的，却有着许许多多的说法，而且只是存在于假说的阶段，没有说服性的证据。

其实在关于宇宙的形成方面，有许多科学家提出了不同的见解，但更多的科学家都倾向于一种大爆炸而形成宇宙的假说。

这一假说的形成是一个极为漫长的过程，最开始是在1922年的时候，一个苏联科学家提出了要构建一个新的宇宙模型，这在当时得到了科学权威爱因斯坦的肯定，但是却没有让整个科学界重视起来。结果仅仅过了三年，这个名叫弗里德曼的科学家因为伤寒，在37岁的时候死去了。这仅仅是一个

❖星团

开始。

　　两年后，比利时的一个叫勒梅特的天文学家开始研究弗里德曼的假设，但又加入了自己的猜测，去完善这个早早逝去的科学家的假说。

　　勒梅特认为在亿万年前，宇宙中的所有物质都是聚集在一个地方的，形成了一种很原始的原子结构，如同一个蛋一样。然后随着时间的变迁，不知道是在什么时候，这个"蛋"就突然爆炸了，慢慢地空间不断地扩展，从而就形成了现在我们所看见的宇宙。

◆ 星团

　　当然这个假说是在不断地完善的，等到1946年的时候，美国的核物理学家伽莫夫根据前人的理论开始进一步完善这个学说，这一次算是真正地提出了"大爆炸"学说。当然这里面涉及的学术性的东西比较多，简单一点说就是宇宙从沸腾到冷却的一个过程，开始不断地扩张的进化，这就如同一次巨大的爆炸一样。

　　我们可以从伽莫夫的说法中，简单地把宇宙的变化分成三个阶段，便于我们的解读。

　　第一个阶段，可以说是宇宙变化的极早期，这个时候宇宙是处于一种极

第五章 神秘浩瀚的宇宙

奥秘探索大百科

太空

高温高密状态，仅仅是温度就有100亿摄氏度以上，在宇宙之中的光辐射极强。要知道宇宙中只有中子、质子、电子、光子和中微子，这些都是基本粒子形态的物质。因此这个时候的宇宙在这个阶段是很短暂的，基本上可以用秒来计算。

到了第二个阶段，这个阶段算是中间期，这个时候的宇宙开始了不断膨胀，温度也很快开始下降，直到下降到10亿摄氏度左右。这个时候的中子就失去自由存在的条件，开始了衰变或者是和质子结合成重氢、氦等元素，我们所知的化学元素就是从这一时期开始形成的。然而温度下降到这个时候并不是一个结束，随着时间的变迁，温度开始进一步下降，这个时候的宇宙温度只有100万摄氏度，化学元素的形成也结束了。当然这个时候，宇宙除了中子消失不见了，还有质子、电子、光子和一些比较轻的原子核，这个时候宇宙的光辐射依然很强。当然这一个阶段所用的时间比第一阶段要长很多，持续了最少有几千年的时间。

第三个阶段就是我们现在生活的阶段，这个阶段叫作稳定期。温度会进一步下降直到1.2万摄氏度，这个时候辐射开始大幅度减退，慢慢地气云开始凝聚而成，从而形成了一个又一个的恒星体系，这就是我们现在所看见的星空。这个阶段是最为漫长的阶段，长达两百亿年，甚至还在持

知识小链接

大爆炸理论最开始提出来并没有得到科学界的认定，而是遭到了质疑和批评，但是随着天文观测的事实支撑，很多科学家开始认可了大爆炸理论。于是乎这一理论在宇宙起源的假说里可以算是独占鳌头，获得了绝大多数人的支持。

续下去。

关于宇宙的形成不仅仅只有大爆炸学说，有一些科学家开始质疑这个理论，因为很难说明原因，比如为什么有这么多的氦含量，也无法说明为什么恒星核反应出来的氦如此多。这些都是大爆炸学说的不足，毕竟这也仅是一个假说而已。

◆ 宇宙

奥秘探索大百科

Part5 第五章

宇宙有多少岁了

宇宙有多少岁，似乎这是一个很深奥的问题。一般我们要知道别人有多少岁了，首先我们要知道对方是哪一年出生的。如果想知道宇宙有多少岁了，我们就必须要知道宇宙是什么时候出生的，那么宇宙究竟是什么时候诞生的呢？

在我国远古的时候就流传着一个盘古开天地的神话故事，这个故事中的宇宙是在129,600年前诞生的。然而根据英国的圣公会在1658年的时候算出的创世时间，地球的诞生是在公元前4004年。当然这些都是带着宗教迷信的色彩，都是不太可信的，那么真正的宇宙诞生时间是什么时候呢？

根据德国的著名哲学家康德1755年的说法，地球的年龄应该有几百万年。地球是在宇宙之后产生的，那么宇宙的年龄应该超过地球太多了。

其实根据之前的宇宙大爆炸的假说，宇宙诞生的时间应该就是在它大爆

❋ 太空

知识小链接

其实近些年来很多科学家对宇宙的年龄进行了一个推测，比如2001年的时候法国的科学家利用"甚大望远镜"上的高精度光谱仪进行了一系列的推测，最后算出了宇宙的年龄应该有125亿年。2002年的时候一个多国科学家小组推算出了宇宙的年龄不会低于135亿年，但不会超出这个数字。因此宇宙对于我们来说还是很神秘的，很多的推测到了现在也并没有得到很好的证实。

炸的那一瞬间。当然还有一些科学家认为宇宙是从它诞生的那一刻就开始了膨胀，科学家假设这一种膨胀是均匀的，如果是这样的话，根据哈勃常数的倒数就可以很轻松地算出宇宙的年龄是大约200亿岁。

当然事情并不会就这么的简单，因为就算大爆炸的假说得到了证实，那么关于哈勃常数的精确程度和宇宙膨胀的均匀程度也无法确定。因为宇宙也存在着物质的万有引力，所以宇宙膨胀并不是均匀的。而且哈勃常数的数值测定与许多因素有关，按不同方法测定的哈勃常数彼此间相差很大，而由此计算出来的宇宙年龄自然也就相差很大。

现在天文学界最普遍的观点就是宇宙应该最大在200亿年，而最小也有140亿年，再根据宇宙膨胀的速度去推算宇宙的年龄。当然这的的确确是一种科学的方法，但是在精确程度上并没有那么的完美，所以科学家还是在寻找其他的方法，想有朝一日能够精确地算出宇宙到底有多大。

太空

奥秘探索大百科

Part5 第五章

宇宙的**尽头**在哪里

很多人看着浩瀚的宇宙会猜想着宇宙的尽头究竟在哪里，但是这个问题却是连科学家都无法回答的一个问题，其实想一想确实是这样的。

很多人看着天空会想宇宙的尽头究竟在哪里，宇宙之外是些什么？其实这个问题本身就没有答案，如果宇宙之外有东西，那么你就知道宇宙有边界，宇宙要是有边界怎么又会有"外面"的物体存在呢？这个问题可以算是在物理学里很尖端的一个天文学的问题了。很多的科学家都在致力于这个研究，想要去寻找一个令人满意的答案。

对于这个答案的研究，最早可以追溯到古希腊的亚里士多德的观点，他认为宇宙是一个有限的结构，这就说明了宇宙之外还有着其他东西，这个东

◆ 浩瀚无边的宇宙

❖ 浩瀚无边的宇宙

西就是所谓的恒星天。随着时代的进步，科技的发展，到了牛顿生活的时代，人们开始接受其他的观点，就是宇宙是无限的，宇宙的体积也是无限的，所以宇宙并没有界限。用物理学家欧几里得空间解释来说，上下、左右、前后这六个方向上，都可以一直走下去，以至延伸到无穷远。所以宇宙应该是无穷大的。

而爱因斯坦却有了不同的见解，20世纪的爱因斯坦对于宇宙的边界有了自己的界限，他推翻了之前欧几里得空间。在爱因斯坦看来宇宙的空间结构并不是与宇宙间的物质运动无关，因此有限有边体系和无限无边体系都是错误的理论。真正存在的应该是有限无边的体系，有着一个空间体积的界限，而同时也有着一个无边的地方。

因此对于这个问题科学界可以说是众说纷纭，一时间难以决定。不过宇宙似乎到了现在还在不断地进化，空间也在不断地扩大。

> **知识小链接**
>
> 要解释爱因斯坦的有限无边的体系，我们可以借用一只小虫子在一个大球上爬行。大球的面积是有限的，但是却没有边界，所以对于这个小虫子来说，在这个大球上爬行是没有边界的。因此，我们人类也是如此，是在一个有着有限但无边的空间宇宙之中生存着。

第五章 神秘浩瀚的宇宙

Part5 第五章

宇宙会膨胀到什么时候

宇宙在不断地膨胀，尽管足够大，但是它的空间却是还在不断地扩大。这个理论源自1929年的美国天文学家哈勃的一个发现。

在一次观测中哈勃发现河外星系普遍存在着红移现象，而这一个现象似乎是在说明，我们离河外星系越来越远。换一个方式来说，就是无论在哪一颗行星上，你都会发现自己离其他的星系越来越远，因此这又被称为"哈勃关系"。

但是为什么会发生这样的事情呢？星星不断地拉开了距离？根据科学家的说法，简单来说就是宇宙在不断地膨胀变大。

想必大家都吹过气球，星星就是气球上的斑点，吹气以后气球就开始膨胀，而那些斑点的距离也会越来越大。因此宇宙间的膨胀也是这样的一个效果，让别的星球离自己越来越远。

当然大家或许都会问，宇宙一直在膨胀，到什么时候才会停止呢？根据科学家的观察，尽管宇宙在不断地膨胀，但是速度却一直在减弱。这是因为宇宙之中还存在着万有引力，这些万有引力忽大忽小，在干扰着宇宙

◆ 宇宙膨胀

宇宙膨胀

膨胀的速度，但是引力再小也不会让膨胀的速度变成0，宇宙是会一直膨胀下去的；然而引力大却是会让速度变成0，甚至会导致宇宙间的收缩。

科学家认为，宇宙的引力还是很小的，所以宇宙应该是会膨胀下去，而不是停止。当然要是在这个过程中又诞生出来其他什么东西，影响了这个过程，或许又不一样了。就目前看来，宇宙的膨胀或许会持续下去，这关系到宇宙结构的问题。

或许有些人会问到，宇宙的结构又是什么东西呢？很多科学家试图给宇宙结构设定一个标准，这个标准就是如果两束平行光线越来越近，那么宇宙的结构就是球形的；如果两束平行光线越来越远，那么宇宙的结构就是马鞍形的；如果两束平行光线永远平行下去，那么宇宙的结构就是平坦的。如果宇宙结构是平坦的，那么宇宙会一直膨胀下去。

这个观点其实并没有获得大多数科学家的同意，因为很多的科学家认为宇宙的引力比我们知道的要大得多，而等到以后或许宇宙间会进行收缩，最后通过几十万亿年的时间让所有的星体积压在一起，最后再一次地形成一个大爆炸让宇宙再度膨胀，从而产生一个循环过程。

不过也有一些科学家认为，宇宙没有开始也没有结束，因为就是一些物质在反复地聚拢而后又分开，分开后又聚拢，永无止境。但是宇宙间的密度又是多大呢？这个是人类现在根本就无法测量的问题，所以我们也无法知道宇宙会不会停止膨胀。当然宇宙要是出现了收缩，将会是一个什么的样子，是时光的倒退吗？这一切或许要交给后人来解答。宇宙太过于神秘，这些问题都等着我们以后再去探索。

知识小链接

哈勃关系其实是一个关于红移量的问题，在一些星系的距离中，挨得近的星系红移量会小一些，而距离比较远的星系红移量会大一些。

第五章 神秘浩瀚的宇宙

147

Part5 第五章

旋转中的宇宙

地球自始至终都在自转，因此我们就会生活在一种昼夜交替的过程中。而自转的地球也时常会和其他自转着的行星环绕着太阳运行，太阳所在的太阳系又同其他的星系绕着银河系的中心——银心在旋转，这样就组成了现在的银河系。但是宇宙整体是不是在旋转呢？它的旋转又会带给我们什么呢？

这个时候就要用到我们的假想思维了，我们来假设一个正方形的四个角落都有着一个星系，忽略掉它们的引力，你会发现它们都是随着宇宙的膨胀一直在倒退，单纯膨胀的宇宙模式中，其实也就是正方形随着时间变

❖ 哈勃空间望远镜星空照片

大这么简单而已。当然要是再复杂一点，我们可以把正方形切变为增大的平行四边形，要是宇宙在旋转的话，那么星系就是沿着螺线形轨道从而倒退的运动。

早在1982年，法国的一个天文学家在研究一个天文现象的时候，发现了在一些射线之中存在一些方位角的差别，顿时他很敏锐地把握住了这一切，认为这是由于这些天体相对于星系际介质在不断选择，而旋转轴与宇宙旋转轴相重合从而导致了这一个方位角差的出现。

哈勃空间望远镜星空照片

当然他还计算出了旋转的角速度到底是多大，但还有很多谜团等待着人们去解决。

欧洲核子研究中心也一直在致力于这个问题的解决，但是很多时候他们是在研究宇宙膨胀会产生什么样的结果，却得出宇宙的旋转是非常缓慢的，尽管缓慢还是有证据来表明宇宙是在不断地旋转。这也就和冰上舞蹈者张开双臂时其旋转速度自然减慢的情形一样的华丽优美。

1984年，加拿大多伦多大学的科学家也加入到这个宇宙旋转的探索中来了，在他们看来宇宙如果永远膨胀下去，那么最快的旋转速度应该比"伯奇效应"的速度要慢，这也就推翻了之前"伯奇效应"关于宇宙旋转的解释，使得之后的研究更加艰难。

不过要想弄清楚宇宙旋转的这个问题，涉及的问题确实太多了。根据现在的科技水平并不能够得到完整而详细的解答，甚至拿不出一个精准的结论，这不由得又把解决悬念留到了未来，但又让人充满了期待。

> **知识小链接**
> 关于宇宙的旋转，一直没有一个完整的答案，但是可以确定的一件事情就是宇宙是在不断地旋转，而且旋转的速度一直都很慢，无论以后再怎么构建模型，要想探索出答案来也需要相当长的时间。

第五章 神秘浩瀚的宇宙

Part5 第五章

木星变成恒星

和地球在一起的木星是太阳系八颗行星里体积最大、自转最快的行星。但是它也只是一颗行星,有没有可能成为一颗恒星呢?

这个说法最开始是在 1980 年的时候,由前苏联科学家苏切科夫提出的一个见解,尽管这个说法当时遭到了许多人的反对,不过的的确确这个说法并不是无中生有的,因为木星内部在进行热核反应,它能够自己散发热量。

这个见解无疑是天文学中很新颖的一个话题,用他的观点来看木星,就是木星的内部有着一个热核反应,温度在逐渐地升高,整个星球都在慢慢地变热,最终有一天木星会从一颗行星变成一颗闪亮的恒星。

我国对于这个行星亮度的研究,给这个说法提供了侧面的证据。在过去

❖ 木星

> **知识小链接**
>
> 苏切科夫的木星恒星论是说因为木星的核心有着一个热核反应,在内部最少有28万摄氏度,因此如此庞大的能量很容易让木星向着恒星去转变。

的一段时间里太阳系的水星、金星、火星和土星的亮度都在减小,而只有木星的亮度在增大,这就说明太阳似乎在收缩,亮度也在不断地减弱。而独特的木星反而增强,这就说明了木星的发亮是和它自己有着一定关联的。

不过太阳每时每刻都在向外界散发着它的能量,还有太阳风在不断地向四周抛射各种物质微粒。这个时候木星自然也能够俘获到一部分。如果太阳一天天地衰退下去,那么木星很可能壮大起来,甚至可以达到和太阳一样的程度,最后很可能木星转变成为恒星,当然这个过程也是十分漫长的,大概需要30亿年的时间才行。

目前的观测水平还是不够发达,在一定程度上来说理论水平也有些欠缺,因此对于木星从行星向恒星转变这个问题,目前还是不能够下定论的,哪怕是现在可以看到未来会是如何,也很难去判断到底要怎么样才会彻底地转变。

奥秘探索大百科

Part5 第五章

六角云团的秘密

在土星的北极有着一个巨大的六边形云团，美国国家航空和航天局派出的飞船第一次完整地捕捉到这个巨大的六边形云团，而这一云团已经困扰了科学家好几十年了。

这个云团是在土星的周围，它的形状就如同激流形成的一个固定图案，比较神秘的是，它每条边的长度与地球的直径相当。

1980年，美国宇航局的"旅行者号"飞船在航行中发现六角云团，之后更是派出了"卡西尼"宇宙飞船前往这个地方，探测到了一些可见光再把红

❖ 土星

外图像传送回了地球，供人们去研究。

经过一系列的测量，结果超乎了当时科学家的想象，这里东西的跨度有2.5万千米，而南北的长度有100千米。它的体积有4个地球那么大。观测的时候云团里面还有一个不断翻滚着的巨大云系，仿佛就如同赛车在跑道上排气管发出的烟雾。

我们用普通的相机并不能看见这个云团，所以研究这个云团需要先进的设备。但现在的土星北极持续在长达15年的冬天之中，云团被笼罩在一片黑暗里。

这个云团自从被发现之后，科学家已经对它进行了许多的研究，比如说关于它的形成可能和土星的旋转速度有着一些关联，当然进一步的数据还是要等到以后有更先进的观测手段才知道，到目前为止也没有人能够知道它究竟是什么时候诞生的。

通过一些照片的研究，科学家已经确定了这个云团和土星的无线电发射，还有极光活动并没有直接的关系，不过对于它的六角形形状却始终是困扰科学家的一个难题。

土星

知识小链接

土星的六角形云团呈现出一个规则的几何六边形，到目前为止没有哪一个星球出现这种东西。很可能是因为土星上厚实的大气层上的对流和波浪才造成了这个云团的出现。

第五章 神秘浩瀚的宇宙

Part5 第五章

天王星,你是否存在**生命**

科学家在很早以前就发现在天王星上有水、碳氢化合物和有机气体,那么具备了这些生物可以生存的条件,天王星上是否存在着一些生物呢?

众所周知,在地球最开始出现生命之前也有着这三种东西。在很久以前,就有人发现在天王星周围也有卫星,而其中一个卫星上有着地球大气层才会有的有机物,所以很可能它上面有着一些生命。最开始的时候它被当作一颗恒星,一直在被人们观测着。

之后美国也曾一度发射过"航海者2号"无人驾驶太空船,通过这个飞船,我们得到了许多关于天王星的照片,逐渐揭开了这个星球的神秘面纱。不过在这之前,我们对这个星球的了解是很有限的,仅仅知道那里的阳光比地球弱了三百倍,气温更是低到零下三百多摄氏度。而且绕太阳一圈的时间也长达84年。

❖ 天王星

随着照片的到来,科学家发现天王星最少有14个卫星,而且那里的月亮也都是坑,只不过上面多了许多的水。科学家开始进一步的研究,发现在天王星表面上的那些云状物,其实是一些蓝绿色的大海,天王星

知识小链接

天王星是现代发现的第一颗行星，它是由威廉·赫歇耳通过望远镜系统地搜寻到的。当然在发现之后它被观测了许多次，但是之前都是被当作一颗恒星观测到的。

❖ 天王星

第五章 神秘浩瀚的宇宙

上的氦和氢在急速地运动，吹过了海洋导致了它们结冰。还有关于类似于地球的机关，这就是因为天王星有一个炽热的轴心在散发着强大的电能。

不过还有些问题是科学家暂时无法解决的，就是木星、土星、天王星都差不多，在它们的周围都有一些光环，而这些光环又是怎么来的？有一些科学家提出要是先弄清了这些光环的来历，就有可能根据这些结论进一步地推断出地球的来历了。

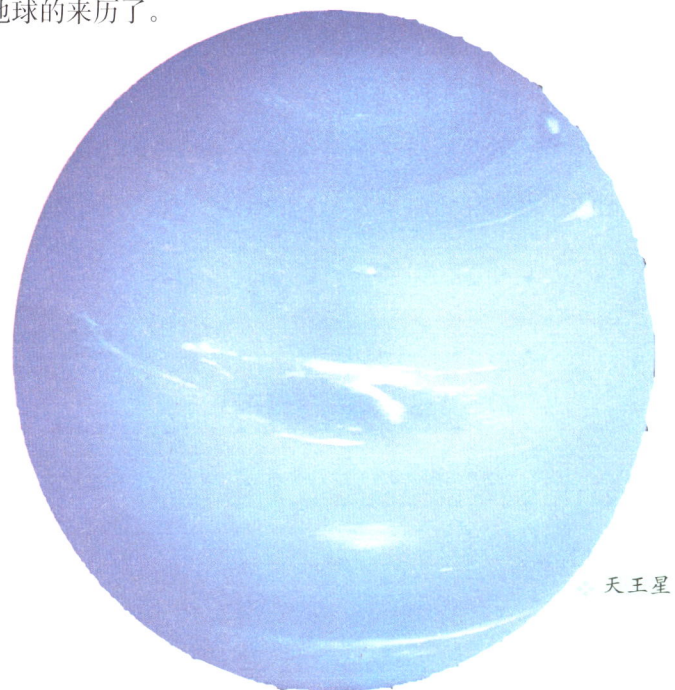

天王星

155

奥秘探索大百科

Part5 第五章

晚上，为什么是**黑色**的

或许我们小时候都想过天空为什么到了晚上是黑色的。到了现在我们也没想明白这个问题。总是认为到了晚上，太阳落山了，没有了阳光，天就黑了。这个问题其实并没有这么简单。

在很早以前，德国的著名科学家开普勒就思考过这个问题，他还联想到了宇宙之中，把黑暗当作宇宙大小有限的证据。然而天文学家奥尔伯斯却指出宇宙是无限无边的，那么在天空中就会广泛而均匀地分布着无数的恒星，人们无论从哪个方向望去，都能望见恒星。但是要是根据奥尔伯斯的说法来计算，哪怕把距离的因素也考虑进去，这些恒星所发出的亮光也会让地球的夜空比白天还亮，所以这根本就和平时我们看见的是相反的。因此，这个说法被称为"奥尔伯斯佯谬"。

科学界一直都在对"奥尔伯斯佯谬"进行争论，一些人认为是合理的，一些人认为是不合理的，因此在当时引发了一个长达一个多世纪的讨论，而

◆ 夜幕下的城市

◆ 夜晚的动物

直到现在也没有人能够解释出这一切来。

关于宇宙的天黑，人们一开始认为是地球上空的尘埃和宇宙间的星际物质，遮蔽了来自遥远的恒星的光，之前的奥尔伯斯也是这样认为的。但是如果尘埃和星际物质吸收了那么多能量，它们一定会发光发热，而事实上不是这样的，这也证明了"奥尔伯斯佯谬"并不是错误的。

之后人们又开始通过另外一个方面来解释这一切，就是用哈勃定律去解释它，这个说法似乎是正确的，但是却始终得不到有效地支持。这个说法认为遥远星球的光在来地球的过程中丧失了能量，所以人们只能看到近处的恒星是明亮的，却始终看不见远处的光，因此看着天空就是黑暗的了。

知识小链接

不过美国有一个科学家提出了自己独特的观点，他觉得在光的传播中需要一定的时间，所以人们看不见恒星所发的光而是看见黑色的天空，这可能看见的是恒星形成之前的样子。不过这个观点是关于宇宙的光速和起源的问题，因此人们还不能去判断这个说法到底是不是正确的。但是无论如何，关于黑色的夜空的争论是永远不会停止的。

第五章 神秘浩瀚的宇宙

157

奥秘探索大百科

Part5 第五章

宇宙只有一个吗

有时候我们看着星空或许会遐想，宇宙到底是不是唯一的，到底还有没有其他我们不知道的宇宙的存在？其实这个问题科学家也在持续不断地讨论。

在人们研究宇宙起源问题的初期，尽管有很多的疑惑，但是还是得出了一个大致的答案，那就是宇宙应该诞生在100亿到150亿年前，是由于大爆炸形成了现在的宇宙。尽管现在科学家对于宇宙的了解还不是那么多，基本上还是有着一个相同的观点，那就是宇宙只有一个。但是随着科技的发

❖ 宇宙星云

展，已经有人开始对这个定论有一些疑问了，他们觉得宇宙或许不只一个。

这个观点是莫斯科的一个物理研究所的学者提出来的。他觉得真正的宇宙是由许许多多的小宇宙组成的，这些小宇宙都是独立的，而且地球就是在一个小宇宙之中，其他的小宇宙和我们存在的这个小宇宙没有太大的区别。

不过之前的大爆炸理论并不能够完整地阐述宇宙是怎么形成的，也就是由于这一个缺陷，美国的一个物理学家古思提出了一个关于宇宙膨胀的理论。这个理论解释了许多关于宇宙的问题，诸如星空的相似、宇宙的扩展和存在。

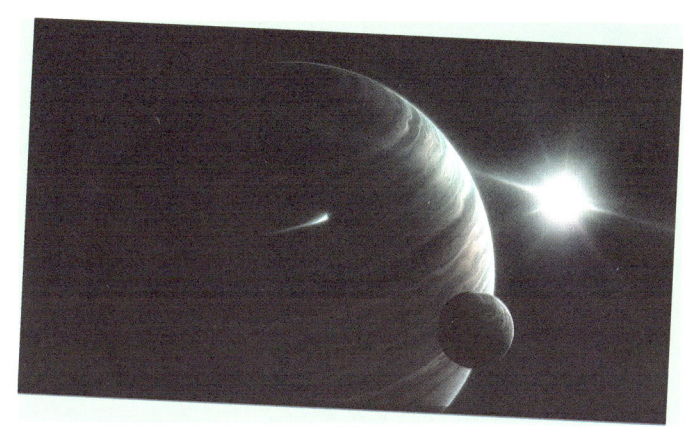

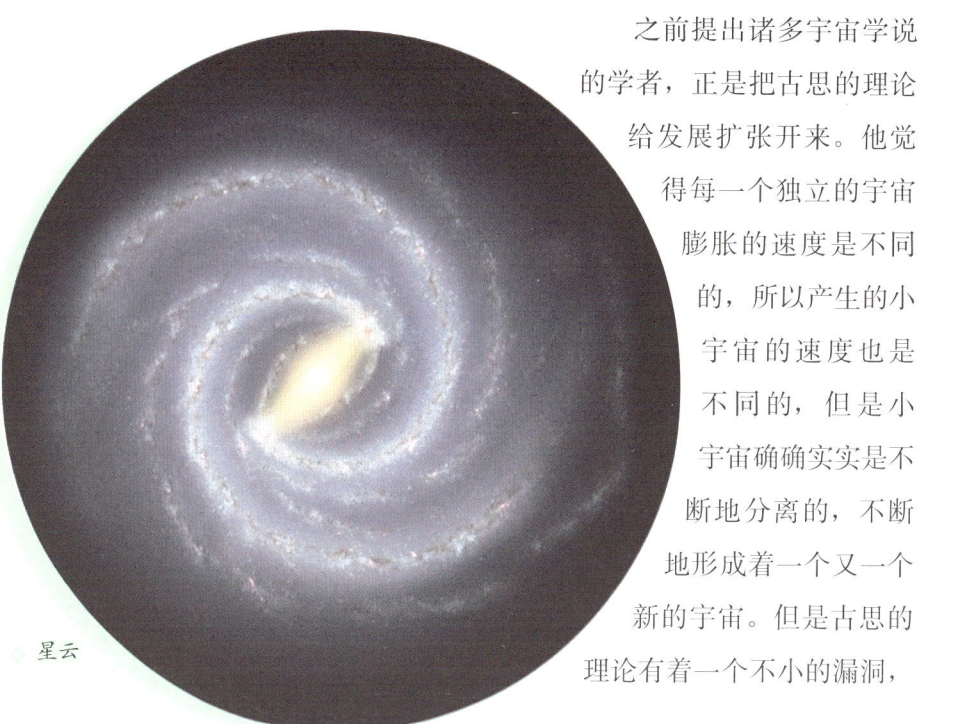

之前提出诸多宇宙学说的学者，正是把古思的理论给发展扩张开来。他觉得每一个独立的宇宙膨胀的速度是不同的，所以产生的小宇宙的速度也是不同的，但是小宇宙确确实实是不断地分离的，不断地形成着一个又一个新的宇宙。但是古思的理论有着一个不小的漏洞，

✦ 太空中的天王星

星云

第五章 神秘浩瀚的宇宙

159

奥秘探索大百科

> **知识小链接**
> 当宇宙膨胀使星系之间的距离变得足够"巨大"的时候,就会有许多新的物质从"虚无"中被创造出来,以填补出现的"间隙",维护宇宙物质的应有密度,他们甚至计算出新物质产生的速度。

那就是他没有得出关于小宇宙正在不断地产生的原因,所以看起来似乎有着一些缺陷。

而因为膨胀的特性,所以在很多科学理论的问题都能够运用上它来解决,如果这个理论是正确的,那么就可以得出有着无数个宇宙的结论,那么或许那个时候我们的问题就是其他的宇宙,其他的世界又会是什么样子呢?当然这些已经远远超乎了我们的想象,而我们能够做的,就是期待将来答案的出现。

❖ 宇宙中的星云

Part5 第五章

五个星星小矮人

第五章 神秘浩瀚的宇宙

在星星的王国之中有着五个矮小的星星，倘若提起人类的世界，我们或许会想到七个小矮人，那么这里的五个星星小矮人又会让人想到什么呢？

星王国里的黄矮星、红矮星、白矮星、褐矮星、黑矮星，它们就是这个王国里的小矮人。它们的矮小是因为体积较小，并且根据它们的热量和光量有了黄、红、白、褐、黑五种颜色。

其实天文学家在很早就把恒星分成了三个阶段来看待，第一个阶段就是早型星，而第二个阶段就是中型星，第三个阶段是晚型星。

而黄矮星、红矮星就是属于中型星这一个阶段的矮星，而太阳就是其中一种黄矮星。

恒星能够演化成中型星，但是恒星质量决定了它的亮度强弱，这也就决定了之后这些恒星的颜色，到底是亮度和表面温度等同太阳的黄矮星，还是质量比太阳小成为了亮度与表面温度同样很低的红矮星。

每一颗黄矮星

五个星星

161

奥秘探索大百科

❖ 五个星星

的寿命在我们看来似乎有着很漫长的岁月，约为 100 亿年。而在这一个时间段里，黄矮星都是透过内部的核聚变，把氢聚合成氦。然而这些氢总有耗尽的一天，那个时候它就会开始膨胀，形成了红巨星，开始肆意地燃烧氦，而等到最后没有了氦的时候，便会丢掉一些气体，这些气体就会形成一些行星状星云，这些内核就会成为白矮星。

要知道白矮星是低光度、高密度、高温度的恒星，它是晚型星家族的成员。它比较特殊，它的特殊就在于一颗与太阳相当质量的白矮星体积只有地球一般大小，所以它的密度是很高的。宇宙中这样的白矮星有着许多，大概有着 10% 左右的恒星属于白矮星。

而到了褐矮星，可以说它并不算是真正的恒星。"失败的天体"就是形容褐矮星的，褐矮星的质量很小，但是它有着类似恒星的结构，它是白矮星演变过来的星体。

知识小链接

在 1995 年发现褐矮星之前，它仅仅是天文学教科书上的产物。然而在 1995 年的时候发现了褐矮星，于是揭开了褐矮星真正的容貌。

黑矮星就是由稍微大一点的白矮星转变的，它的形成周期最为漫长，在宇宙中目前还没有发现黑矮星的存在。

当然恒星晚年阶段的白矮星、褐矮星、黑矮星是三个演变过程，也是恒星终结的最后的哀鸣，或许几十万年之后的太阳也会走到这一个阶段。

第六章
天外来客的足迹

你相信地球是唯一拥有生命的星球吗？我们是幸运的，茫茫宇宙中，我们在地球上安宁的学习、生活。可谁又能肯定地说，宇宙中只有一个存在生命的星球。宇宙的范围是人类无法想象的，像银河系这样庞大的星群何止上千个，像地球这样适合生命生存的其他星球肯定也存在。外星人是真实存在的吗？本章我们将带领大家寻找外星人可能在地球上留下的足迹，一起领略宇宙生命的奥秘。

Part6 第六章

外星人，地球向你发出信号

茫茫宇宙之中，除地球外，其他的星球上存在着生命吗？真的有外星人存在吗？这种针对地球外文明的探索早在很久以前就已经成为科学家的研究内容了。

近代科学家对地球外是否存在智慧生命产生了极大的兴趣。多数科学家认为，外星人是存在的，他们就生活在宇宙的某一个角落，也许他们正在研究我们，也许离我们十分遥远，互不相知，因此要建立必要的沟通，让彼此之间能够通信。

人类目前还不具备在宇宙中随意航行的技术，怎么和外星人联系呢？1959年，著名的外星人研究者科可尼和莫尼森在杂志上提出了一种可靠的联系方式，他们提出向宇宙发射电波，如果外星人能够收到电波，就可能回复，不过这可能是个漫长的等待过程，因为宇宙太大了，也许几年，也许上百年才能收到回复。

科可尼和莫尼森的想法引起了轩然大波，激发了人们对宇宙

◆ 太空船

第六章 天外来客的足迹

太空船

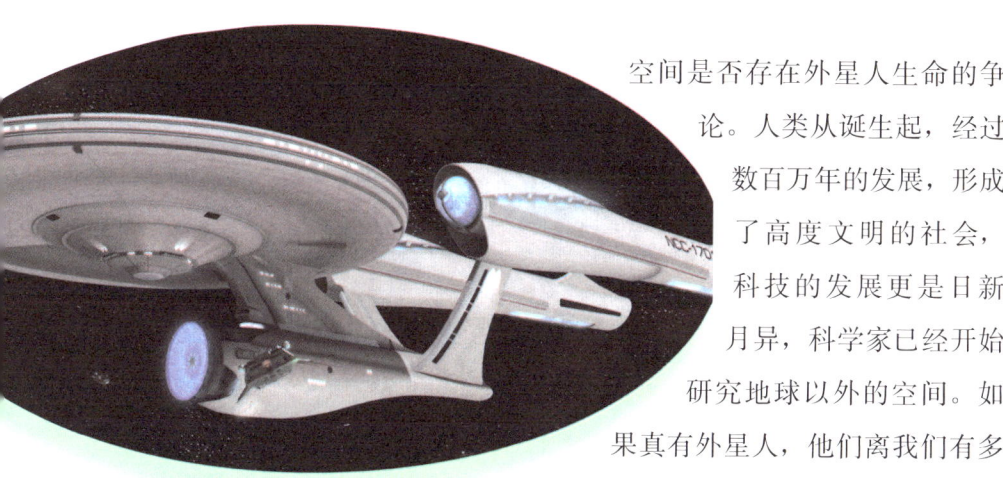

空间是否存在外星人生命的争论。人类从诞生起，经过数百万年的发展，形成了高度文明的社会，科技的发展更是日新月异，科学家已经开始研究地球以外的空间。如果真有外星人，他们离我们有多远，科技是不是比我们更加先进，他们是友善的还是好战的？人类和外星人主动接触会不会遭殃？这些话题一直争论不休，不过美国在1977年以实际行动证明了人类想主动与外星人联系的决心。

1977年7月，美国宇航局发射了旅行者1号和2号小型宇宙飞船，它们的使命是将地球上存在人类的信息传达给宇宙。值得一提的是，飞船上装载了时任美国总统卡特的一封特殊的信，总统主要介绍了地球的大概情况，并且以友善的语气宣布地球热爱和平。飞船上还有一件特殊的礼物，一张镀金唱片，上面收录了世界上多个民族的问候语言和歌曲，其中还有一首中国著名音乐家管平湖先生演奏的《流水》。

到目前为止，还没有任何一个国家和科研机构宣称与外星人进行过沟通，但各国的科学家们并没有放弃，中国、美国、俄罗斯等国家都在利用自己的科技力量向外太空传递信息，国际之间的合作也越来越密切，真希望有一天外星人能够回复地球一个信息，让我们能确定他们的存在，确定在宇宙中我们并不孤独！

知识小链接

根据科学研究发现，在太阳系里，除地球外，还有水星、金星、火星、木星、土星、天王星、海王星等。但是这些行星内均没有生物生存所需的环境条件。因此，地球上的人类是太阳系里唯一有智慧的生物。如果要想找到外星人，必须到太阳系之外去寻找。

奥秘探索大百科

Part6 第六章

外星人长什么样子

很多人都说见过外星人，同时也拍到了各种各样的有关飞碟的照片。这一切到底是真是假？外星人和我们长得一样吗？

外星人研究者把与外星人接触的人分为五类，第一类接触一般是目击，第二类接触指触摸到外星人的飞行器或者触摸到外星人留下的某些物品，第三类接触最多，指看到了真正的 UFO 或者外星人的相貌，第四类接触比较厉害，就是跟外星人沟通，最厉害的是第五类接触，和外星人建立某种联系方式，长期沟通。

研究者根据目击者描述的外星人形象及研究飞碟的专家把造访地球的外星人分为四种：

一是头大个矮的怪物。这些怪物个子很矮，跟我们地球上 10 岁左右的小

UFO

孩一样，平均身高在 1.15 米左右。他们的头和眼睛都很大，眼圆但无瞳孔，有耳朵和鼻梁，鼻子的地方有两个小圆孔，嘴巴只有一条缝且无嘴唇和牙齿，没有头发，没有拇指。但是他们的思维超越地球人很多，行动也很灵活，而且具有超能力，也比地球人要聪明得多。科学家们猜想，或许他们是外星人用遗传基因合成的生物种类，也未可知。

二是巨大的智能生物。这种外星球来的长毛动物，外貌跟猩猩相似，全身覆盖长毛，手臂很长，牙齿尖利，身高一般在 2 米以上，甚至有的可能达到 10 米，重约 200 千克。科学家认为这可能是外星人在太空做试验用的动物，并不是真正的外星人。但是这类生物只有在外星人有特殊任务时才会出现，一般情况下他们是不会出现的。

三是和人相似的外星人。这些外星人跟我们人类相似，但也有一些区别。比如美国目击者看见的外星人有 1.8 米高，没有手掌且两腿弯曲，一只袖管中伸出一条长杆，就像是有超能力一样，当他挥动起那根长杆时，周围的物体就会随着他的动作消失或移动。

四是机器人。这种外星人跟地球上的机器人非常相似，它们也有各种样子。在美国密西西比州，两名男子遇到过两个这样的机械人。他们外形相同，高约 1 米，有头但无颈，也没有眼睛和鼻子，但头顶有根天线伸出，好像是在接收什么信号一样。

想象中的 UFO

另外，外星人看上去大部分呈灰色、蓝色和棕色，不过这也许并不是外星人皮肤的颜色，也可能是目击者看到的外星人穿着薄的防护衣。美国还有一位目击者说，他看见的飞碟里面外星人长得非常丑陋，

第六章 天外来客的足迹

知识小链接

有些科学家认为,所谓的外星人,很有可能即是我们人类的未来人。有数据表明,人类在近百年来的进化程度比原始时期更加迅速。我们也不能否认,也许当人类进化到几万年,甚至几亿年以后,也会有所谓的超能力出现,也会演变成今天所谓的外星人模样。

头很大却没有头发,两眼凸突,腿部尽是皱纹,显得非常衰老。

很多目击者对外星人服装的描述也是各有不同。在美国,一些专门研究不明飞行物的科学部门的电脑里面,储存着有关光着身子的外星人案例。多数目击者的报告认为,外星人从头到脚穿戴整齐,但这些穿戴的目的并不是像我们地球人类一样为了御寒或出于羞耻感。他们穿戴衣服的目的是为了抵制放射线或防止污染,而且有些外星人衣服上还有某种标志。

美国的"拉克德福勒斯"事件中,就有记载说外星人可能也像地球人一样,有各自的宗教信仰,有的外星人胸前部有金属十字架或金属环。

在1978年1月20日的"巴西库依巴"事件中,又有人发现有金属圆环挂在飞碟上或外星人身体前部。在1979年6月28日的"巴西米拉索金"事件中,一个金属十字架挂在飞碟乘员的身体前部的画面出现了;

这些十字架和金属圆环的具体用途不详,或许是某一种外星宗教的标志,也或许是某种武器的遥控按钮……

从一些事例来看,外星人无温度概念,不需要穿衣服保暖,也无需地球人上太空的那一套装备。可见地球人有地球人的生活习性,而地外文明也都有他们自己的生活习惯和进化历程。

❖ UFO

Part6 第六章

火星上有人居住吗

第六章 天外来客的足迹

> 曾经有人认为，太阳系中除了地球外，最有可能存在生命的是火星！于是科幻小说、电影等都把火星人称为外星人，火星上真有的人居住吗？

在16世纪，那是个还只有望远镜的时代。有人用望远镜观测火星时，发现了许多相互交错的网纹，便自以为那是"火星人"建造的"运河"。1935年，美国的一家电台广播说火星人到了地球，引起了众人的一场虚惊。后来，因英国的一位作家创作了一本名为《大战火星人》的科幻小说，其中对火星人做了许多绘声绘色、活灵活现的描述，使人们先入为主认为真的有火星人。此小说的推出，更引发了更多的有关"火星人"的小说和电影的诞生。

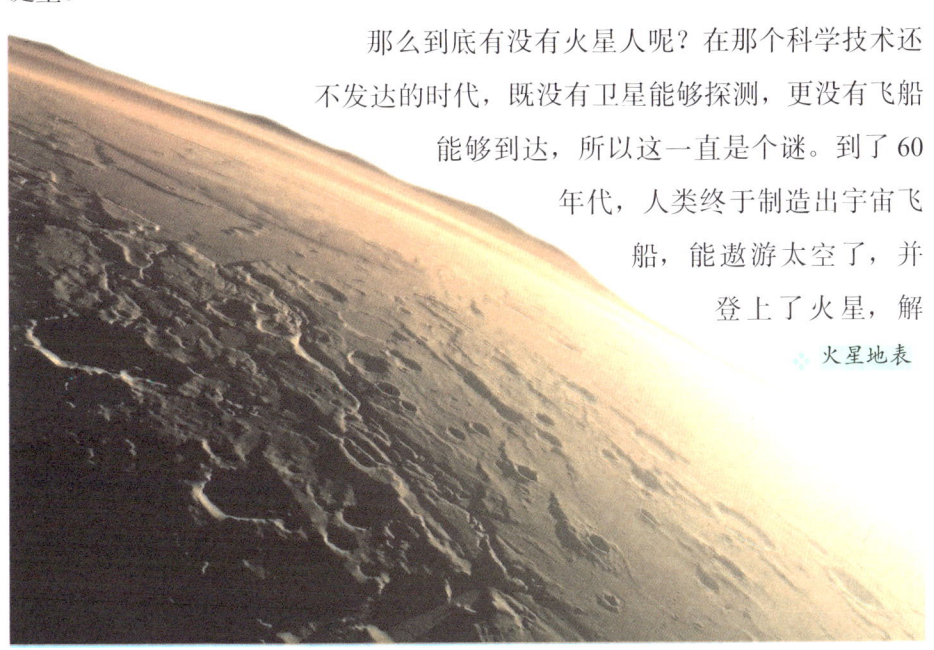

那么到底有没有火星人呢？在那个科学技术还不发达的时代，既没有卫星能够探测，更没有飞船能够到达，所以这一直是个谜。到了60年代，人类终于制造出宇宙飞船，能遨游太空了，并登上了火星，解

❀ 火星地表

奥秘探索大百科

开了这个千古之谜：火星上面非常冷，表面到处都是泥土和石块，经常狂风大作，飞沙走石。上面的环境根本不适合任何生物生存，当然更没有所谓的火星人。这个谜解开以后，天文学家进一步分析认为：在整个太阳系中，只有地球是太阳的宠儿。它的气候、环境适宜各种生物的生存、繁殖。其他行星都没有生物生存所必需的环境条件。因此，地球上的人类是太阳系里唯一有智慧的生物，要找外星人，必须要到太阳系之外。

❖ 火星地表

Part6 第六章

外星人，我们来找你了

第六章 天外来客的足迹

> 寻找地外文明，这项浩大而又艰巨的工程一直以来都是科学界研究的主题。我们对于地外文明的生存环境、生物的构成、交流方式及思维方式都是一无所知的，究竟该如何才能找到外星人呢？

首先我们依据地球生物生长所必备的水、温度、湿度等因素进行寻找。无边无际的宇宙中，可以孕育生命的行星数量可能多达100多万颗。我们该如何开展对地外文明的寻找呢？种种科学知识表明：对于地外高级生物的寻找，只有我们在与其建立起联系时才有意义。而以我们地球人类现有的科技水平来看，只有无线电讯号才是建立这种联系的唯一可行途径。而无线电讯号的联系是相互的，也就是说只有文明程度和科技水平达到一定程度，

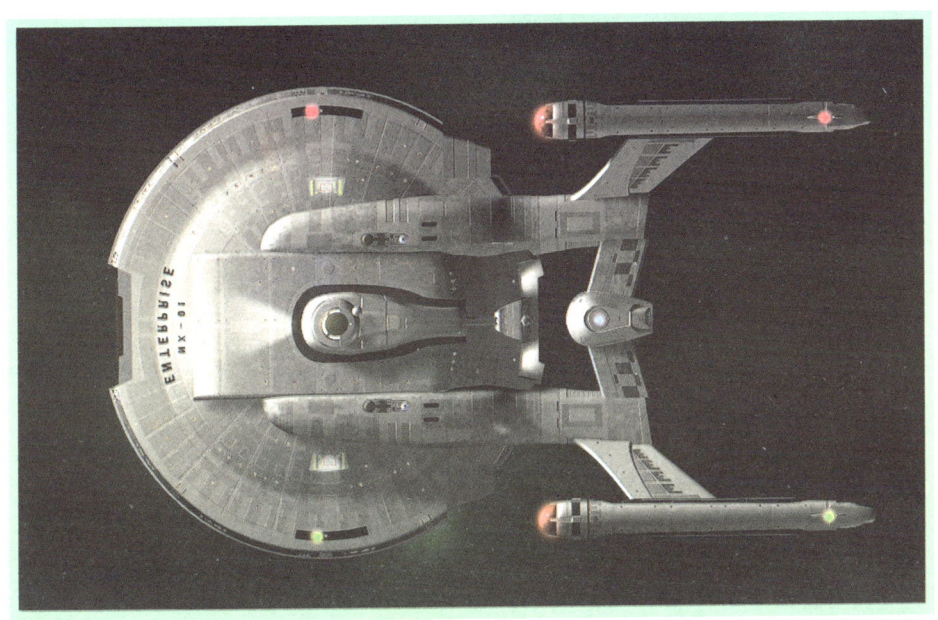

探索外星生物

才有能力接收或是发送这种讯号。因而我们下一步要思考的是，在宇宙中是不是居住了有能力发送这种讯号的外星人。如果他们从存在以来一直在发送这种讯号，那就应该有100万个正在进行无线电播发的行星。但事实上这是不可能的，因为100多万年前人类也还没有那种可能。另一方面呢，就要考虑到我们随着科技水平的提高虽然发射了无线电讯号，但同时人类也研制了大规模的核武器。这些核武器的诞生足以将地球上全部生物彻底毁灭掉，外星人会不会为了自己内部的战争失去理智地毁掉自己呢？虽然这只是一种假设，但也不能完全排除掉。

我们从另一方面分析：假设外星人有能力，也可能很理智地解决掉我们所担心的问题。他们安居乐业地生活了100万年，而由于好奇心的驱使，及科学技术的发达，他们必然也会想到本身之外的世界，以及试图同外部世界同类建立联系。假如他们100万年内不停地向外界发送无线电讯号，而上述所说的100万颗行星中，就只有一小部分正在播发这种讯号。在茫茫无际的银河系中，相邻不同显示的两颗行星之间的距离约为4600光年，也就是说如果发射无线电讯号的话，也要4600年才能送到距离我们最近的外星人那，而当他们收到信号后又及时向我们发出回音，我们还得需再耐心地等上4600年。

❀ 探索外星生物

知识小链接

银河系约有 3000 亿颗恒星，而行星有 2800 亿颗。由于行星上的生命要靠恒星的光和热来孕育，所以这种具有良好生态环境的恒星约有 2/3 颗。鉴于生命起源必须具备碳、氢、氧、氮、硫等这样一些元素，这种恒星为 52 亿颗。据推测，每两颗第二代恒星的生态圈中才会有 1 颗像地球一样具备所需元素条件的行星，这样的行星约有 13 亿颗。每两颗地球型行星中大概有 1 颗可孕育生命，因此可繁衍生命的行星约有 6.5 亿颗。

若是更实际一点，想想人类有历史记载的只有 4000 年。如果外星人只是在这 4000 年的时间内有能力进行无线电播发，那么今天在向外界播发讯号的就只有一颗行星！于是，整个银河系中除地球外充其量也就再有一种文明生物在发送讯号，我们用射电望远镜在银河系内留心倾听这种讯号的种种努力就完全是徒劳无功的！

看到这里，读者也许会为这一结论深感失望。其实上面的讨论都有着许多不确定的因素。每颗单星周围都有行星吗？生命是否只能在地球这样的环境下诞生？一种智慧生物到底能生存多久？许多的事情以我们目前的科技水平根本无法探知。但是反过来想，人类的进步多快啊！原始人和古代人可能做梦也不会想到现在相距万里可以用手机通话，快速的电子计算，日行万里的汽车及飞船升天登上月球等等新科技现象吧！

说不定在不远的将来，凭借人们的智慧，可以研究出更多不可思议的发明来。到时候星球之间的距离已不再是问题，说不定还可以和找到的其他星球上的伙伴们一起游戏呢！

探索外星生物

第六章 天外来客的足迹

173

奥秘探索大百科

Part6 第六章

外星人，你会来**地球**吗

相信大家都从杂志、电台广播，以及因特网上看过或听过有关飞碟和外星人的报道吧！但是外星人为什么不露面呢？他们在和我们捉迷藏吗？

科学家安妮斯提出，外星人之所以不露面，是因为他们现在还未到达地球。银河系直到最近几年才为生活在太空中的生命提供了可以生存的机会。几亿年前，银河系经常有死恒星碰撞，再加上黑洞释放出的大量的致命射线，根本就没有为生命体提供出现的条件，直到近几年，这些碰撞才变得稀少起来，外星球生命才有可能出现，并可以从自己居住的行星到其他星球去探索旅行。

第六章 天外来客的足迹

知识小链接

外星人到底是否存在？迄今为止，还没有任何的有力证据可以证明外星人真的在地球出现过。所以对于天文界和科幻世界，这都是一个开放式的问题，在未接触到真正的外星人之前，每个人都可以根据自己的设想，得出自己的答案。

而印度的物理学家、诺贝尔奖获得者费米在50年代对外星人的存在提出过否定。他提出："如果外星人真的存在，那么他们在什么地方呢？"并为此做出了论证：一是银河系非常古老，已有约100亿年的年龄；而银河系的直径只有大约10万光年。所以，即使外星人只能以光速的千分之一在太空旅行，他们需1亿年左右的时间才能横穿宇宙，这个时间远远短于宇宙的年龄。费米把这个理由当成了根本不存在外星人的证据。

而安妮斯则称，外星人很可能存在，只是因为在他们还没有到达地球时，就已经被放射出的伽马射线杀死了。但最近伽马射线的爆发周期越来越长，这为外星人提供了足够的时间间隙进行星际旅行，所以排除了障碍的外星人很有可能会在地球上出现。

Part6 第六章

外星人，假如你真的**存在**

> 宇宙茫茫，地球上的人类是不是宇宙中的唯一智慧生命？我们有理由坚信，人类并不孤独，地球也不是唯一有生命的星球，外星人肯定存在，只不过我们不知道他们在哪里罢了。

自古以来，关于很多自称目击过外星人的描述也都不是一样的。有人描述他们所见到的外星人是个子矮小、脑袋圆大、嘴巴像一条长线，没有嘴唇、穿着紧身衣、和人相似的生物；也有人声称他们见到的外星人是高大的巨人，机器人一样的怪物，满身长毛如野兽的动物……对于外星人的各种形态，有些人认为这些外星人不是来自同一个星球。另一些人则认为，地球上不可能有这么多种类的外星人同时出现，之所以有各种各样的描述，是因为所谓的外星人根本是不存在的，是一些人的假想罢了。

而有些人根据古代遗留下来的痕迹，及其他不可思议的现象，也认为是外星人到达地球时留下的。如撒哈拉沙漠壁画上人物的圆形面具、复活节岛的巨石人像和南美的巨石建筑，以及埃及金字塔等种种无法解释的现象。还有的学者甚至提出人类是外星人的后裔，或人类中一些民族（如玛雅人）是外星人与地球人交配的后裔等种种观点。但这些也只能作为猜测和假说，其中大多数仍缺少证据。

美国的天文学家卡尔·萨根曾指出在整个银河系中与地球环境相近，可以使生物生存的行星多达100万颗。既然在地球上可以使生命进行繁衍生息，那么在其他行星上也应该会有生物的诞生，并可以发展成智慧生命。因此这些天文学家们认为，在地球以外，别的行星上出现智慧生命，完全是可能的。

但是萨根却对世界各地常常有人遭遇外星人的消息并不相信。他认为，即使在其他的星球有智慧生命的存在，但是其生命的进化过程千差万别。外星生命体的演化形态很可能与人类完全不同，再加上这些可能产生智慧生命的星球，距离地球的距离都有几千或几万光年。所以说世界各地经常有见到外星人的说法是不现实的。

僵尸

萨根的看法代表了大多数科学家们的意见。也就是说，外星智慧生命的存在从理论上讲完全是可能的。但各地发现外星人的消息及飞碟的出现是不足以为信的。虽然有许多用现实科学知识无法解释的奇怪事件，以及某些不可理解的历史奇迹是否真的与外星人有关，这一切的一切仍然是个谜。对于目前外星人的存在情况，科学家们提出了种种可能的设想，这些设想很大胆，现在看来也很离奇，但是谁又能责怪人类的想象力呢？社会的进步离不开人类的假想。可以说，没有假想，就没有今天的人类。

第六章 天外来客的足迹

Part6 第六章

地球上有外星人隐居吗

现今世界上有很多科学知识无法解释的奇怪现象，如天空中的不明飞行物和史前文明的遗物，人们会自然而然地把它们当成外星人的杰作。但是，外星人到底在哪里呢？他们是否在地球上的某一处隐居着呢？

在1987年，据说有7名科学家在非洲考察的过程中，无意地闯入了一个与世隔绝的古老的部落。这个部落里的人与我们普通人长得不大一样。相处了一段时间之后，他们惊奇地了解到这些人对太阳系的知识非常了解。经过进一步接触，取得了此部落人的信任之后，部落中的人透露出一个惊人的秘密。据说在170多年前，有一艘火星飞船为避难来到此地，并与当地的土著人生活在了一起。1977年，当时一本非常畅销的《天狼星之谜》一书中也曾提到，居住在非洲西部一个叫多贡人的部落其实是天狼星人的后代。以上离奇而又神秘的报道和传说到底是真是假，还无从得知。但一些古文明中确实存在着令现代人自叹不如的知识和技术。在古代科技远远落后的时代，为什么他们会掌握如此先进的科技知识？他们是如何做到的呢？他们的智慧是不是来源于外星人呢？

来无影去无踪的 UFO 困扰了人类很长时间。一些 UFO 地球坠毁事件让人们兴奋不已，不过事发国家却极力回避这一事实，千方百计地掩饰该事件，并将此类事件升级为国家机密。

不过天下没有不透风的墙，UFO 爱好者通过各种渠道和资料找到了蛛丝马迹，并把 UFO 坠毁事件向世人公布，比如前苏联科学家沙漠考察队在沙漠里发现了一个直径 22.87 米的碟形飞行器。飞碟引擎保存完好，但是里面却有 14 具风干成木乃伊的外星人遗体。

1947 年 7 月，美国新墨西哥州的一个小镇附近突然间风雨大作、电闪雷鸣。第二天天晴后，人们竟然发现一个圆形的东西躺在草丛里。这个圆形的东西所用的材料竟然不是我们地球上存在的。它的直径有 10 米长，分为内外两个舱。更令人吃惊的是，舱内的座椅上竟然有 4 具和人相似的尸体。他们的身高仅有 1 米左右，皮肤白而细腻，头很大，鼻子很长，嘴很小。手上只

第六章 天外来客的足迹

有 4 个指头，指间有蹼相连。他们身穿黑色有金属光泽的外套，但是质地很柔软。这一发现震惊了军方，立即下令将信息封锁。这就是著名的"罗斯威尔"事件。

还有很多事情让人类捉摸不透，比如 UFO 研究者声称，在美国有一个非常神秘的 51 区，它可能是一个秘密的军事基地，也可能是一个非常大的仓库，里面存放着从美国各地收集回来的 UFO 残骸，而美国先进的航空和军事科技很可能来源于对外星飞行器残骸的研究。有人甚至认为，美国政府已经与外星人达成了某种合作协议，虽然这仅仅是推测，但还是引来众人的好奇，种种现象都说明了，外星人很有可能就在我们地球上的某个地方居住着，只不过我们还未发现罢了。

Part6 第六章

千米隧道之谜

第六章 天外来客的足迹

位于南美洲的千米隧道至今一直是科学界的未解之谜。是谁开凿了千米隧道？为什么要由人看守且不允许外人进入？难道它真的是"神灵"的栖息之处吗？

20世纪70年代，人们在南美大陆地底深处，发现了一条绵延数万米的庞大隧道。这条隧道位于地下240米深处，属于一个极为庞大、复杂的隧道系统，估计全长达4000千米以上。这条隧道由印第安部落把守着，人们尚不知道其最终通向何处。当地的人却说这里是"神灵"栖息的地方，他们遵守祖训，世世代代守在这里，不允许外人进入。

1965年，一位名叫莫里斯的阿根廷学者来到厄瓜多尔，他本来是研究当地的种族文化及生活习性，因此结识了印第安部落的首领，在与之谈话中意外得知了有这样一条神秘的千米隧道。在这里，莫里斯第一次见到了奇怪的且不知来源的石器、牌

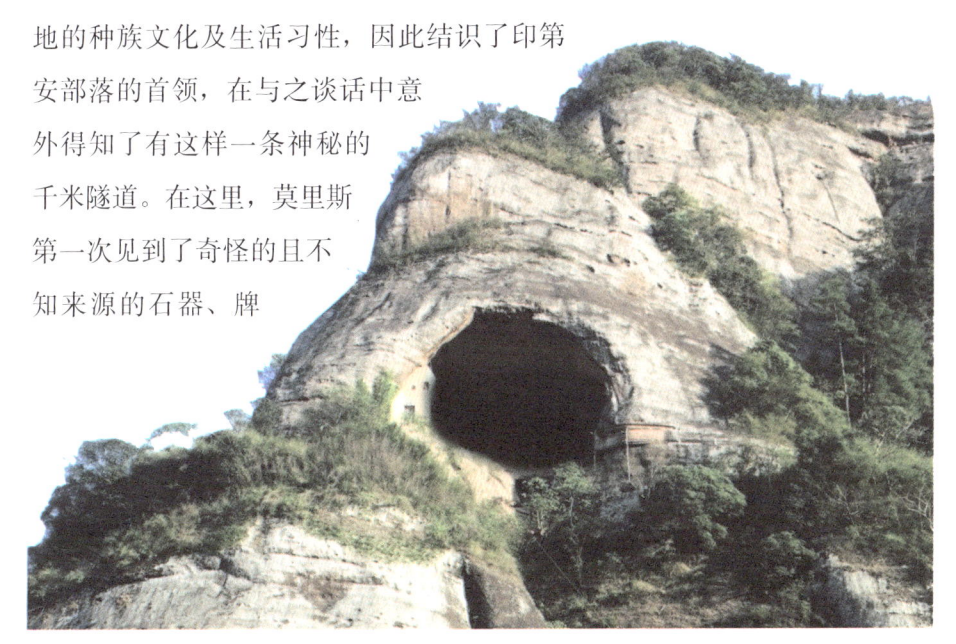

181

匾，并由此引发了他极大的好奇心。

几年来，莫里斯为了能名正言顺地去研究千米隧道，着实做了一番努力，终于取得了当地政府承认的合法地契，并将之公之与众。地契里表明了古隧道里有着极大的文化知识和历史价值的文物。他拿着地契与厄瓜多尔总统进行谈判，如果厄瓜多尔总统同意成立一个科学委员会来研究、评价这些文物的价值，莫里斯可以指出这条古老隧道的准确位置和入口。在如此巨大诱惑的前提下，厄瓜多尔政府最终同意，并且准备展开工作。功夫不负有心人，1972年3月4日，莫里斯终于如愿以偿。他带领着厄瓜多尔考古学家法兰士和马狄维组成的科学调查小组，迈向了那条古老隧道的第一步。

人们根据地契的位置找到了隧道的入口，并相继从入口进去。为了探测隧道的深度，调查组从入口处就拿了一条绳子，边往深处走，边用绳子进行测量。往隧道的深处走了大约75米后，出现第一平台；隧道越走越深，静悄悄的，接着又出现第二平台、第三平台。根据绳子的测量，两个平台相隔的

距离大约是 75 米。经过了很长的时间，终于在穿过了 3 个平台之后，出现在调查组眼前的是一个偌大的大厅。印第安人所谓的"神灵"栖息地就在此处。这个时候洞内安静极了，人与人之间都能听到彼此呼吸的声音。谁也不知道将要出现在人们眼前的会是什么现象。终于人们紧张地将目光停放在大厅之内。隧道的真实面目也在此时展现在众人的眼前。只见在大厅的中央有一张桌子，桌子的右边有几张椅子。但是奇怪的是椅子的材制并不是我们地球上的任何材制。它不是石头、不是金属，更不是木制品，看起来好像是塑胶一样的东西，但是又异常沉重、坚硬。在桌子的右边放着各种各样的动物模型，有狮子、老虎、猴子……甚至还有些我们叫不出来名字的动物。这些动物全部用纯金打造，而且精巧绝伦、惟妙惟肖。可见当时的建造者是多么富有。再往里看就是地契上显示的金属牌匾和金属薄片。金属牌匾上面刻着奇妙的文字，金属薄片采用的也是我们地球上所没有的材质。它非常薄，有 65 厘米高，1.8 厘米宽，有 3000 多页，上面密密麻麻地印着许多文字，就像一本书一样在那里摆放着。而这些文字却不是我们地球上的任何一种文字，所以上面记载着什么内容也无人得知。或许是一本武功秘籍，也或许是制造者将当时的人类生活或是一些重要信息记载下来的吧！虽然上面的文字无人能识，但是人们不约而同地认为，它极有可能是揭示这条隧道宝藏的密码。

莫里斯还发现在一个奇怪的石头上刻着一个身躯为六角形的人。这个人非常

知识小链接

此次隧道探险，给研究是否有外星人的存在带来了进一步的发展。虽然还没有明确的证据可以证明有外星人，但是这些实实在在的保存之物，更进一步说明了几千年前的时代，应该有所谓的外星人到达过地球。

第六章 天外来客的足迹

奇怪，和我们现今的人类完全不同。他的左手拿着一个圆形的类似太阳的物品，右手则握着一个像月亮一样的半圆形，最令人惊奇的是这个人的双脚站在一个地球仪上。据地理学家研究，这石刻的形成大约在公元前9000年至公元前5000年。人们简直不敢相信，难道远古时代就已经有人知道地球是圆的了吗？

进入隧道以后的种种发现，简直不能用常理去理解，一些人还在里面发现了各种各样奇怪的东西。有一个法兰西人在里面发现了一个刻有恐龙和一男子的石像。那石像上面的恐龙好像正伸着粗壮的后腿在那里爬行。难道说那个时代是有恐龙存在的？而石刻的男子竟然与现在的人类长得十分相像，甚至能清晰地看出他的背上也长着与人类数量一样的12根肋骨。难道那时候就有人类的出现？更令人为之惊奇的是竟然发现一个穿着太空服，头戴太空帽，而且耳朵上还戴着像是耳机一样东西的人，看上去好像他在那敲打着像现在的电话键盘一样的东西。而其他的调查员也在一个通道的入口发现有3个，甚至7个头的石像；一些骰子的背面刻着不为人懂的几何图案……这个埋藏着众多奇怪物品的大隧道究竟是怎么回事？它到底是谁建的？又为谁而建？印第安人世世代代守护的"神灵"到底是谁？……这些未知之谜至今未解。